Prof. Dr. h.c. Ernst Benda

Probleme der industriellen Sonntagsarbeit

Rechtsgutachten im Auftrag des Ministers
für Arbeit, Gesundheit und Soziales des Landes
Nordrhein-Westfalen

 Nomos Verlagsgesellschaft
Baden-Baden

CIP-Titelaufnahme der Deutschen Bibliothek

Benda, Ernst:
Probleme der industriellen Sonntagsarbeit: Rechtsgutachten im Auftrag des Ministers für Arbeit, Gesundheit und Soziales des Landes Nordrhein-Westfalen / Ernst Benda. – 1. Aufl. – Baden-Baden: Nomos Verl.-Ges., 1990
ISBN 3-7890-2098-2

1. Auflage 1990
© Nomos Verlagsgesellschaft, Baden-Baden 1990. Printed in Germany. Alle Rechte, auch die des Nachdrucks von Auszügen, der photomechanischen Wiedergabe und der Übersetzung, vorbehalten.

Inhaltsverzeichnis

A. *Anlaß, Ziel und Gegenstand der Untersuchung*   7

B. *Einführung in die Thematik*   9
    1. Entstehung und Entwicklung der Arbeitsruhe am Sonntag   9
    2. Die gegenwärtige Rechtslage   10
    3. Zum tatsächlichen Ausmaß der Sonntagsarbeit   12
    4. Zur gegenwärtigen Diskussion   13
    5. Zum Stand der gesetzgeberischen Reformüberlegungen   16

C. *Der Sonntag als Tag der Arbeitsruhe*   19

I. Die Ausgangslage des Grundgesetzes   19
    1. Art. 139 WRV als Bestandteil des Grundgesetzes   19
    2. Art. 139 WRV als institutionelle Garantie   21
    3. Inhalt der Garantie des Schutzes der Sonntagsruhe   24
    4. Grundsatz der Sonntagsruhe und notwendige Ausnahmen   26
    5. Art. 139 WRV im Gesamtsystem des Grundgesetzes   29

II. Die Rechtslage nach geltendem »einfachem« Recht   39
    1. Einführung   39
    2. Ausnahmen vom Sonntagsarbeitsverbot aus wirtschaftlichen Gründen   40
       a) Technische und wirtschaftliche Gründe   40
       b) Überblick über die gesetzlichen Ausnahmen vom Arbeitsverbot   42
       aa) Notstandsähnliche Gefahren   42
       bb) Technisch vermittelte wirtschaftliche Gründe   43
       c) Das Verhältnis der Ausnahmeregelungen zueinander   44
    3. Würdigung der Rechtslage unter verfassungsrechtlichen Gesichtspunkten   47
    4. Ausnahmeregelungen durch die Verwaltung (§ 28 AZO)?   51

III. Möglichkeiten und Grenzen künftiger gesetzlicher Regelung der Sonntagsarbeit — 57
    1. Zusammenfassung der bisherigen Ergebnisse und Darstellung der verfassungsrechtlichen Ausgangslage — 57
    2. Zur Notwendigkeit gesetzlicher Regelung — 64
    3. Voraussetzungen für die Zulassung von Ausnahmen vom Verbot der Sonntagsarbeit — 66
        a) Allgemeines (öffentliches) und privates Interesse — 66
        b) Maßstäbe für die Gestaltung von Ausnahmeregelungen — 72
        c) Einzelfragen — 76
        aa) Gesetzliche Regelung der Ausschußquoten? — 76
        bb) Schaffung neuer Arbeitsplätze oder Vermeidung des Wegfalls von Arbeitsplätzen — 79
        cc) Konkurrenzsituationen im internationalen Wettbewerb — 81
        dd) Sonntagsarbeit und technischer Fortschritt — 85

D. *Zusammenfassung der Ergebnisse und Beantwortung der Rechtsfragen* — 89

E. *Anhang: Gesetzesmaterialien* — 95

Literaturverzeichnis — 101

A. Anlaß, Ziel und Gegenstand der Untersuchung

In jüngster Vergangenheit werden von seiten der Industrie zunehmend Vorstöße unternommen, vermehrt industrielle Sonntagsarbeit einzuführen. Zur Begründung führen die Industrieunternehmen u.a. wirtschaftliche und technische Sachzwänge, den Wandel der Arbeitswelt sowie die Flexibilisierung der Arbeitszeit an und halten Änderungen hier insbesondere im Hinblick auf die Erhaltung der Wettbewerbsfähigkeit der deutschen Industrie im internationalen Vergleich für erforderlich.
Demgegenüber verweisen Kirchen, Gewerkschaften sowie andere gesellschaftliche Institutionen auf die soziale und kulturelle Bedeutung des arbeitsfreien Sonntags für den Arbeitnehmer.
Vor dem Hintergrund dieser traditionell gegensätzlichen Standpunkte ist das bestehende einschlägige gesetzliche Regelwerk auf seine Funktionsfähigkeit hin zu überprüfen.
Ziel und Gegenstand der vorliegenden Untersuchung, die im wesentlichen auf einem im Januar 1990 für das Land NordrheinWestfalen erstellten Rechtsgutachten beruht, soll es sein, abzuwägen, »ob und was neue Grenzen für Ausnahmegenehmigungen für Arbeit auch am Sonntag sein könnten«[1].
Bei der Abfassung des für das Land Nordrhein-Westfalen erstellten
Rechtsgutachtens hat mich Herr Rechtsanwalt Dr. Eberhard Luetjohann, Wachtberg, unterstützt.

---

1 Vgl. die Aktuelle Stunde des Landtags NRW auf Antrag der Fraktion der F.D.P. am 7.Juni 1989, Plenarprotokoll Nr.10/111 S. 10028 ff. und die Ausführungen von Minister *Heinemann* a.a.O. S. 10032.

B. Einführung in die Thematik

1. Entstehung und Entwicklung der Arbeitsruhe am Sonntag

Der Gedanke, daß am Sonntag Arbeitsruhe herrschen sollte, und hieraus folgend das grundsätzliche Verbot von Sonntagsarbeit lassen sich auf eine schon sehr lange Tradition zurückführen. Sie hat ihren Ursprung in dem christlicher Glaubensüberzeugung entsprechenden Gebot, daß der Sonntag nicht der Arbeit, sondern dem Gottesdienst und der seelischen Erbauung gewidmet sein sollte. Hiermit verband sich bei zunehmender Industrialisierung die sozialpolitisch motivierte Erwägung, daß der Arbeitnehmer an einem Tag der Woche Zeit zur Erholung haben müsse. Im einzelnen braucht auf die Ursprünge und die geschichtliche Entwicklung nicht eingegangen zu werden[2].

Der Schutz des Sonntags und die Ausnahmen hiervon sind vor allem in den §§ 105 a ff. der Gewerbeordnung (GewO) geregelt. Diese Vorschriften wurden im Jahre 1891 durch das Gesetz betreffend die Abänderung der Gewerbeordnung vom 1. Juni 1881 (Arbeitsschutzgesetz) (RGBl. S. 261) in die Gewerbeordnung eingefügt. Damit wurde die Beschäftigung von Arbeitern in Gewerbebetrieben an Sonn- und Feiertagen grundsätzlich untersagt.

In der Bekanntmachung vom 5. Februar 1895, die aufgrund des § 105 d GewO erlassen wurde, wurden Ausnahmen vom Verbot der Sonntagsarbeit zugelassen (RGBl. S. 12). Hierdurch sollte die industrielle Sonntagsarbeit dem damaligen Stand der Technik angepaßt werden. Die Verordnung über die Regelung der Arbeitszeit von Angestellten vom 18. März 1919 (RGBl. I S. 315) dehnte die für Arbeiter geltenden Regelungen über die Sonntagsarbeit auch auf die Angestellten aus.

Die Weimarer Reichsverfassung (WRV) von 1919 verlieh über die fortbestehenden gesetzlichen Regelungen hinaus dem grundsätzlichen Schutz der Sonntagsruhe verfassungsrechtlichen Rang. Artikel 139 WRV bestimmte:

»Der Sonntag und die staatlich anerkannten Feiertage bleiben als Tage der Arbeitsruhe und der seelischen Erhebung gesetzlich geschützt.«

---

2 Vgl. hierzu u.a. *Richardi*, Grenzen industrieller Sonntagsarbeit, 1988, S. 20 ff.; *Wohlrabe*, GewArch. 1988, S. 54; *Zmarzlik*, RdA 1988, S. 257 f. (jeweils m.w.N.).

Diese Verfassungsnorm der WRV gilt kraft Artikel 140 GG auch heute noch mit Verfassungsrang fort. Artikel 140 GG bestimmt:
»Die Bestimmungen der Artikel 136, 137, 138, 139 und 141 der deutschen Verfassung vom 11. August 1919 sind Bestandteil dieses Grundgesetzes«.

2. *Die gegenwärtige Rechtslage*

Das grundsätzliche Verbot der Sonntagsarbeit ergibt sich zunächst aus geltendem Verfassungsrecht. Es wird, wie es Art. 139 WRV vorschreibt, durch die Gesetzgebung abgesichert und in den Einzelheiten geregelt, insbesondere auch hinsichtlich der hiervon zugestandenen Ausnahmen[3].
Für die industrielle Sonntagsarbeit sind vor allem die §§ 105 a - 105 d GewO von Bedeutung; eine weitere Regelung trifft § 28 der Arbeitszeitordnung (AZO)[4].
Die aufgrund des § 105 d GewO im Jahre 1895 erlassene Bekanntmachung, mit der für bestimmte Bereiche Ausnahmen von dem Verbot der Sonntagsarbeit zugelassen wurden, erwies sich erst in späterer Zeit als änderungsbedürftig. Sie wurde durch die Verordnung über Ausnahmen vom Verbot der Beschäftigung von Arbeitnehmern an Sonn- und Feiertagen vom 7. Juli 1961 (BGBl. I S. 780) ersetzt. Hierbei wurde im Bereich der Eisen- und Stahlindustrie die kontinuierliche Betriebsweise bestimmter Stahlöfen zugelassen, die aus technischen Gründen nicht über das Wochenende stillgelegt werden konnten.
Diese Verordnung wurde in der Folgezeit wiederholt geändert[5], weil die ursprünglich vorgesehene Regelung, nach der 26 Sonntage im Jahr arbeitsfrei bleiben sollten, sich in der betrieblichen Praxis nicht durchführen ließ[6]. Für die Papierindustrie wurde ebenfalls eine Ausnahmeregelung auf der Grundlage des § 105 d GewO getroffen, mit der die kontinuierliche Arbeit be-

---

3 Da der Auftrag sich auf die *Sonntagsarbeit* beschränkt, werden die Fragen des Schutzes gesetzlicher *Feiertage* nicht behandelt.
4 Die maßgeblichen Bestimmungen sind unter E. Anhang abgedruckt.
5 Erste ÄnderungsVO vom 5. November 1963, BGBl. I S. 780; Zweite ÄnderungsVO vom 21. Dezember 1965, BGBl. I S. 2138; Dritte ÄnderungsVO vom 28. Juli 1968, BGBl. I S. 885.
6 Vgl. *Zmarzlik* (N 2), S. 257 (258).

stimmter Papier produzierender Maschinen auch an Sonn- und Feiertagen gestattet wurde[7]. In anderen Industriezweigen, insbesondere in der Hohlglas produzierenden Wirtschaft, wurde die kontinuierliche Arbeitsweise eingeführt, ohne daß eine Ausnahmeregelung gemäß § 105 d GewO erging. Die Unternehmen beriefen sich dabei auf § 105 c Abs. 1 Nr. 4 GewO. Da die Aufsichtsbehörden der Länder hierauf mit Strafanzeigen gegen die Unternehmen reagierten, kam es schließlich zu einer Entscheidung des Bayerischen Obersten Landesgerichts von 1963, die seither überwiegend als maßgeblich angesehen wird[8]. Das Gericht meint in dieser Entscheidung, daß § 105 c Abs. 1 Nr. 4 GewO auf die kontinuierliche Arbeitsweise anwendbar sei. Dem stehe nicht die nach § 105 d GewO bestehende Möglichkeit entgegen, durch Rechtsverordnung Ausnahmen zuzulassen. Die Anwendung des § 105 c Abs. 1 Nr. 4 GewO sei auch durch den Umstand nicht stets ausgeschlossen, daß es andere Produktionsweisen gebe, die keine oder doch weniger Arbeit an Sonntagen erforderlich machten. Selbst wenn die Beschäftigung von Arbeitern an Sonntagen nicht nur ausnahmsweise, sondern fortlaufend erfolge und hiervon der wesentliche Teil des Betriebes erfaßt werde, stehe dies der Anwendbarkeit des § 105 c Abs. 1 Nr. 4 GewO dann nicht entgegen, wenn dem Unternehmer die Einführung der Sonntagsarbeit vermeidenden Produktionsweise (wirtschaftlich) nicht zuzumuten sei.

Die Aufsichtsbehörden haben sich seither den in dieser Entscheidung des Bayerischen Obersten Landesgerichts enthaltenen Grundsätzen entsprechend verhalten, soweit es um die Anwendung des § 105 c Abs. 1 Nr. 4 GewO geht. Hiernach wird eine kontinuierliche Betriebsweise dann als zulässig angesehen, wenn die allgemeinen Voraussetzungen des § 105 c Abs. 1 Nr. 4 GewO vorliegen und darüber hinaus infolge der Unterbrechung der Produktion an Sonntagen ein technisch bedingter, zusätzlicher Ausschuß entsteht, der mindestens fünf Prozent der Wochenproduktion betrifft[9]. Auf die zahlreichen hiermit verbundenen Fragen ist später einzugehen (vgl. unten C II 2 a bb).

Seither sind weitere Rechtsverordnungen auf der Grundlage des § 105 d GewO nicht mehr erlassen worden. Diese »Stagnierung der bundesrechtli-

---

7 Verordnung vom 20. Juli 1963, BGBl. I S. 491.
8 BayObLG vom 10. Januar 1963, AP Nr. 1 zu § 105 c GewO.
9 Die Behörden gehen hierbei von einer Wochenarbeit von Montag bis einschließlich Sonnabend von 144 Betriebsstunden aus; vgl. etwa Erlaß des Hess. Arbeitsministers vom 27. August 1973 - I C2Az. 53c 402; Arbeitsminister NRW vom 9. April 1987, III A 4-8321. Zu dieser Frage *Wohlrabe* (N 2), S. 54 ff.; *Loritz,* Möglichkeiten und Grenzen der Sonntagsarbeit, 1989, S. 109 ff. m.w.N.

chen Spezialregelung« bewertet *Richardi* als einen Vorgang, der das Recht der industriellen Sonntagsarbeit in ein juristisches Zwielicht gerückt habe[10].

3. Zum tatsächlichen Ausmaß der Sonntagsarbeit

Obwohl gegenwärtig eine genaue Statistik über den tatsächlichen Umfang von Sonntagsarbeit nicht vorhanden zu sein scheint[11], besteht kein Zweifel daran, daß sie beachtliche Dimensionen angenommen hat und daß die Tendenz in die Richtung zunehmender Arbeit an Sonntagen geht[12].
Die Entwicklung läßt sich an wenigen Zahlen ablesen: Zu Beginn der fünfziger Jahre waren etwa 750.000 Arbeitnehmer an Sonntagen beschäftigt[13]. Im Jahre 1965 arbeiteten aber bereits mehr als zwei Millionen Arbeitnehmer an Sonntagen[14]. Zehn Jahre später, im Jahre 1975, hatte sich diese Zahl mehr als verdoppelt; einschließlich der Selbständigen und der mithelfenden Familienangehörigen waren etwa 4,85 Millionen Menschen an Sonntagen beschäftigt[15]. Dies bedeutet, daß etwa 21 Prozent der arbeitenden Bevölkerung auch sonntags tätig sind. Hiervon sind etwa zehn Prozent (2,23 Millionen) regelmäßig an Sonntagen beschäftigt[16]. Eine Umfrage des Instituts der deutschen Wirtschaft, die im Januar 1987 durchgeführt wurde, ergab 3,85 Millionen Sonntagsarbeiter[17]. *Häberle* bezieht sich auf Berechnungen der CDU, nach denen sich der Anteil der Sonntagsarbeiter in den Dienstleistungsbetrieben in den letzten zwanzig Jahren auf 13 Prozent verdoppelt habe, während er in den Produktionsbetrieben unverändert bei etwa fünf Prozent liege. Insgesamt leisten gegenwärtig (1989) etwa 4,5 Millionen Menschen regelmäßig oder unregelmäßig Sonntagsarbeit[18]. Geht man

---

10 *Richardi* (N 2) S. 104; vgl. auch Hans *Fischer*, Industrielle Sonntagsarbeit, 1957, S. 46; *Boisserée*, DB 1961, S. 471 (472).
11 So *Häberle,* Der Sonntag als Verfassungsprinzip, 1989, S. 12.
12 *Albracht*, ArbuR 1989, Heft 4-5, S.97 (99); *Däubler*, DB, Beilage 7/1988 zu Heft 13, S. 1 ff. (3 m.w.N.)
13 Nach *Dirksen*, Das Feiertagsrecht, 1961, S. 150.
14 Nach *Ulber*, Entwicklung der Nacht-, Schicht- und Wochenendarbeit, 1986, S. 16.
15 *Ulber* (N 14), der sich auf eine Studie des Bundesministers für Arbeit und Sozialordnung beruft.
16 Vgl. *Däubler* (N 12) m.w.N.
17 Informationsdienst des Instituts der deutschen Wirtschaft vom 14. Mai 1987, S. 1; vgl. auch *Albracht* (N 12), S. 97 (100), der von etwa vier Millionen ausgeht.
18 *Häberle* (N 11), S. 12.

für den Erhebungszeitpunkt (1987) von etwa 25,6 Millionen Erwerbstätigen aus, so arbeiten von diesen etwa 15 Prozent am Sonntag[19].
Allerdings ist nur ein kleinerer Teil der sonntags arbeitenden Menschen in der Produktion beschäftigt. Die ganz überwiegende Zahl ist in dem freizeitorientierten Dienstleistungssektor tätig oder erbringt Tätigkeiten, die ihrer Natur nach auch an Sonntagen erforderlich sind, wie in Krankenhäusern, Versorgungsunternehmen oder bei der Polizei und der Feuerwehr. Gerade die Verkürzung der Arbeitszeit führt zu umfangreichen Aktivitäten vieler Menschen vor allem an den Wochenenden. Sie erwarten umfassende Angebote zur Gestaltung der Freizeit, deren Befriedigung Dienstleistungen vieler Menschen erfordert. Demgegenüber ist die Bereitschaft der Arbeitnehmer, auch am Wochenende in der Produktion tätig zu sein, wohl nicht grundsätzlich gestiegen.

4. Zur gegenwärtigen Diskussion

Erst in den letzten Jahren ist das Thema der Sonntagsarbeit zum Gegenstand einer lebhaften Diskussion geworden, die neben den sozialpolitischen und den auf die Ausübung der Glaubensfreiheit bezogenen Aspekten auch die verfassungsrechtlichen und arbeitsrechtlichen Fragen erörtert. Daß an den Sonntagen bestimmte Dienstleistungen notwendig bleiben und andere von den Gewerbezweigen erwartet werden, die der Befriedigung von Freizeitinteressen dienen, ist kein grundsätzlich neuer Vorgang, wenn auch die Zahl der von diesen Arbeiten betroffenen Arbeitnehmer sich deutlich erhöht hat. Soweit es sich um derartige Dienstleistungen handelt, ist die Zulässigkeit der Beschäftigung von Arbeitnehmern auch an Sonntagen nicht in Frage gestellt worden. Dagegen wird unter soziologischen Gesichtspunkten die Frage aufgeworfen, ob sich durch die zunehmende Verlagerung der Interessen vieler Menschen auf die Freizeit, also vor allem auf das Wochenende, insgesamt das herkömmliche Bild der Sonntagsruhe wandelt und Gefährdungen unterworfen wird, die möglicherweise für das in Art. 139 WRV zugrundegelegte Bild des Sonntags von größerer Bedeutung sind als Veränderungen in der industriellen Produktion, die in einigen Bereichen, aber sicher nicht überall, zu einer Zunahme von Sonntagsarbeit füh-

19 *Albracht* (N 12), S. 97 (100).

ren könnten[20]. Ob der Staat berechtigt oder sogar verpflichtet wäre, Maßnahmen gegen ein Freizeitverhalten zu treffen, welches nach seiner Beurteilung das in Grundgesetz und Weimarer Verfassung zugrundegelegte Sonntagsbild zu verfälschen drohte, ist nicht Gegenstand dieses Gutachtens[21]. Jedenfalls ist dem Gesetzgeber Großzügigkeit im Bereich der industriellen Produktion nicht schon deshalb erlaubt, weil - möglicherweise - die Gefährdungen im Bereich des Freizeitbetriebes gleichgewichtig oder sogar größer sein mögen.

Allerdings wirft diejenige gewerbliche Betätigung, die der Befriedigung von Freizeitbedürfnissen gewidmet ist, ebenfalls Fragen des Schutzes der Sonntagsruhe und des Arbeitnehmerschutzes auf[22]. Beispiele hierfür bieten etwa Flohmärkte, Fitnessstudios, private Automärkte und Autowaschanlagen, Videovermietung und ähnliches. Dies sind gewerbliche Aktivitäten, mit denen sich unter dem Gesichtspunkt des Sonntagsschutzes die Gerichte auseinander zu setzen hatten. Meist geht es dabei um die Abgrenzung des typischen Sonntagsgewerbes von solchen Betätigungen, die auch an Werktagen möglich sind und die damit auch den an Sonntagen bestehenden Bedarf unter zumutbaren Bedingungen vorab befriedigen können[23]. Obwohl Auseinandersetzungen dieser Art nicht die industrielle Sonntagsarbeit betreffen und ihre Klärung nach anderen Rechtsgrundlagen als denen der Gewerbeordnung zu suchen ist, geht es doch auch bei ihnen um die grundsätzliche Frage, welche verfassungsrechtliche Bedeutung das Gebot des Sonntagsschutzes hat. Insofern können sie zu einer Klärung in gewissem Umfange beitragen.

Erst in jüngster Zeit ist über die Fragen der industriellen Sonntagsarbeit eine lebhafte rechts- und sozialpolitische, aber auch verfassungs- und arbeitsrechtliche Diskussion entstanden. Es ist anzunehmen, daß die Erörterungen an Intensität noch zunehmen werden[24]. Die Diskussion ist dadurch ausgelöst worden, daß bestimmte Industriezweige bestrebt sind, eine vollkontinuierliche Produktion einzuführen. Dies gilt vor allem für die Mikro-

---

20 Zum heutigen »Ist-Zustand« der Sonntage *Loritz* (N 9), S. 50 f.; zur »Sonntagskultur« und zur »Freizeitgesellschaft« *Häberle* (N 11), S. 68 f.
21 Hierzu *Loritz* (N 9), S. 78.
22 Vgl. *Häberle* (N 11), S. 12 m.w.N.; *Mayen.* DÖV 1988, S. 409 ff. f
23 Vgl. hierzu OLG Oldenburg, NJW 1972, S. 696; OVG NW, GewArch. 1983, S. 274; OVG Hamburg, GewArch. 1985, S. 308; BGH, NJW 1988, S. 2243; BVerwG, NJW 1988, S. 2252; VGH Kassel, NJW 1988, S. 2257; VGH Mannheim, NJW 1988, S. 2258; VGH München, NJW 1988, S. 2604.
24 Vgl. *Däubler* (N 12), S. 3; *Häberle* (N 11), S. 11, spricht von einer »neueren Infragestellung« des Sonntags in Wirtschaft und Gesellschaft.

chip-, Glasfaser- und Textilindustrie[25]. Hierfür werden sowohl technische als auch wirtschaftliche Gründe angeführt. Vor allem wird geltend gemacht, daß eine Unterbrechung der Produktion durch Abschalten zu mangelhaften Ergebnissen und zur Produktion unbrauchbarer oder minderwertiger Ergebnisse führe. Daneben werden die Verkürzung und Flexibilisierung der Arbeitszeit genannt, vor allem aber auch der internationale Wettbewerb, der die Unternehmen in der Bundesrepublik Deutschland im Wettbewerb mit anderen Ländern benachteilige, in denen die Sonntagsarbeit keinen vergleichbaren Beschränkungen unterworfen sei[26].

Gegen eine Ausdehnung der Sonntagsarbeit haben sich vor allem die Kirchen und die Gewerkschaften ausgesprochen[27]. Die Arbeitgeberverbände haben erklärt, daß auch von ihnen das Sonntagsarbeitsverbot nicht grundsätzlich in Frage gestellt werden solle[28].

Die in letzter Zeit intensiver gewordene Diskussion hat zu einigen grundsätzlichen Untersuchungen des Problems geführt, während aus früherer Zeit neben den -meist nur recht knappen - Kommentierungen des Art. 139 WRV und des diesen betreffenden Teils des Art. 140 GG nur einige Aufsätze vorliegen, in denen zu Einzelfragen Stellung genommen wird. Zu erwähnen sind aus der Literatur vor allem:

- Reinhard *Richardi,* Grenzen industrieller Sonntagsarbeit, 1988 (Rechtsgutachten im Auftrag des Vorstandes der IG Metall);
- Wolfgang *Däubler,* Sonntagsarbeit aus technischen und wirtschaftlichen Gründen, DB 1988, Beil. Nr. 7 zu Heft 13;
- Peter *Häberle.* Der Sonntag als Verfassungsprinzip, 1989;
- Karl-Georg *Loritz,* Möglichkeiten und Grenzen der Sonntagsarbeit, 1989 (Rechtsgutachten im Auftrag der Bundesvereinigung der Deutschen Arbeitgeberverbände).

Außerdem liegt ein schon im Jahre 1963 im Auftrag des Bundesministers für Arbeit und Sozialordnung erstattetes (nicht veröffentlichtes) Rechtsgutachten von Konrad *Hesse* vor mit dem Titel »Die Bedeutung des Grundgesetzes, im besonderen des Art. 140 GG in Verbindung mit Art. 139 WRV,

---

25 Vgl. hierzu etwa W.O. *Kruse,* FAZ v. 24.9.88., S. 13; FAZ v. 16.5.88, Nr. 113, S. 5; SZ v. 30.4.88, Nr. 100, S. 33.
26 Ausführlich zu den »technischen und wirtschaftlichen Erfordernissen der Sonntags- und Feiertagsarbeit« *Loritz* (N 9), S. 4 ff.; Bayer. Landtag, Hearing vom 12.3.87.; SZ vom 11.3.87., S. 22 (zum Siemens-Mikrochip; *v. Pappenheim.* Stuttgarter Zeitung v. 9.2.88, Nr. 32, S. 3; H.O. *Henkel* (IBM-Geschäftsführer), SpiegelGespräch, 8.2.88., S. 79 f.
27 Nachweise bei *Häberle* (N 11), S. 9 ff.
28 *Murmann.* ArbGeb. Nr. 1/1987, S. 4.

für die Neuregelung des Verbots der Arbeit an Sonn- und Feiertagen durch ein Gesetz des Bundes«[29].

5. Zum Stand der gesetzgeberischen Reformüberlegungen

Schon in der 10. Wahlperiode hat die Bundesregierung dem Deutschen Bundestag den Entwurf eines Arbeitszeitgesetzes (ArbZG) vorgelegt[30]. Zu einer Verabschiedung kam es jedoch in jener Wahlperiode nicht. Der Entwurf wurde in der 11. Wahlperiode erneut eingebracht[31]. Er wurde am 15. Januar 1988 in 1. Lesung beraten und dem federführenden Ausschuß für Arbeit und Sozialordnung überwiesen. Gegenwärtig ist ungewiß, ob er noch vor Ende der Wahlperiode abschließend beraten werden kann.
Die Zielsetzung des Gesetzentwurfs wird damit umschrieben, daß die aus dem Jahr 1938 stammende Arbeitszeitordnung und die noch aus dem Jahr 1891 stammenden Vorschriften über das Verbot der Beschäftigung an Sonn- und Feiertagen überholungsbedürftig erschienen. Der wesentliche Inhalt der beabsichtigten Neuregelung wird so dargestellt:
»Der öffentlich-rechtliche Arbeitsschutz wird auf alle Arbeitnehmer ausgedehnt. Ihre Gesundheit wird durch Begrenzung der höchstzulässigen täglichen Arbeitszeit ... sowie durch eine grundsätzliche Arbeitsruhe an Sonn- und Feiertagen geschützt ... Die Vorschriften über die Arbeitsruhe an Sonn- und Feiertagen werden der seit 1891 erfolgten technischen Entwicklung angepaßt und dem verfassungsrechtlichen Gebot der Arbeitsruhe an Sonn- und Feiertagen entsprechend auf alle Arbeitnehmer ausgedehnt«[32].
In seiner Kritik an dem Gesetzentwurf hält *Loritz* diesen für verfassungsrechtlich zulässig, meint aber, daß er keine Regelung über die Zulässigkeit von Sonntagsarbeit aus wirtschaftlichen Gründen enthalte und damit die »aktuellen zentralen Probleme der Sonntagsarbeit im ausgehenden zwanzigsten Jahrhundert, die angesichts der internationalen Wettbewerbssituation der Bundesrepublik Deutschland dringend einer Lösung bedürfen, weiter-

---

29 Ich danke Herrn Prof.Dr. Konrad *Hesse* für die freundliche Überlassung des Gutachtens und die Erlaubnis, es zu verwenden.
30 BR-Drucks. 401/84; BT-Drucks. 10/2706.
31 BT-Drucks. 11/360.
32 BT-Drucks. 11/360, S. 1.

hin nicht aufgegriffen, jedenfalls nicht zufriedenstellend gelöst hat. Der Entwurf ist nicht auf der Höhe der Zeit«[33].

Ebenfalls in der – noch nicht beendeten – 11. Wahlperiode des Deutschen Bundestages haben die Fraktion der SPD einen Gesetzentwurf u.a. zur Problematik der Sonntagsarbeit[34] sowie die Fraktion DIE GRÜNEN einen weiteren Gesetzentwurf zur Sonntagsarbeit[35] vorgelegt. *Loritz* würdigt beide Entwürfe dahin, daß sie im Vergleich zu dem geltenden Recht aus der Sicht der Unternehmer nicht nur keine Verbesserung, sondern sogar einen Rückschritt gegenüber dem heute geltenden Recht darstellten. Die zusammenfassende Stellungnahme von *Loritz* ist deswegen von Interesse, weil sie zugleich eine wesentliche Frage bezeichnet, die auch Gegenstand der folgenden Untersuchungen sein wird:

»Keiner der Gesetzentwürfe verstößt gegen Art. 140 GG i.V. m. Art. 139 WRV. Keiner der Entwürfe befindet sich aber auch auf der Höhe der Zeit. Sie gehen an den zentralen aktuellen Problemen, die sich angesichts der fast hundert Jahre alten Vorschriften der Gewerbeordnung und des grundlegenden Wandels der technischen Gegebenheiten und der wirtschaftlichen Rahmenbedingungen aufgetan haben, vorbei. Insbesondere wurde versäumt, eine rechtsvergleichende Betrachtung anzustellen, die ergeben hätte, daß Sonntagsarbeit in allen namhaften Industrienationen der Welt, insbesondere auch in den übrigen EG-Ländern, in z.T. wesentlich weitergehendem Umfang als in der Bundesrepublik Deutschland erlaubt ist. Die Gesetzentwürfe tragen dieser internationalen Wettbewerbssituation nicht Rechnung«[36].

---

33 *Loritz* (N 9), S. 178 f.
34 BT-Drucks. Nr. 11/1617.
35 BT-Drucks. Nr. 11/1188.
36 *Loritz* (N 9), S. 184.

C. Der Sonntag als Tag der Arbeitsruhe

I. Die Ausgangslage des Grundgesetzes

1. Art. 139 WRV als Bestandteil des Grundgesetzes

Die Weimarer Reichsverfassung hat den Schutz der Sonntagsruhe (Art. 139 WRV) in ihren Dritten Abschnitt (»Religion und Religionsgesellschaften«) aufgenommen und damit als einen Bestandteil des Staatskirchenrechts angesehen. Geht man allein von der Zielsetzung aus, in Verfolgung kirchenpolitischer Erwägungen den Sonntag und die staatlich anerkannten kirchlichen Feiertage zu schützen und für deren äußere Heilighaltung mit den staatlichen Machtmitteln einzustehen, also kirchliche Interessen im öffentlichen Leben besonders zu berücksichtigen, so hat dies schon für die Frage der Bundeszuständigkeit für eine Art. 139 WRV konkretisierende Gesetzgebung erhebliche Bedeutung. Der Staat hat sich mit Art. 139 WRV entschlossen, »die Rolle des ›advocatus ecclesiae‹ insofern weiterzuspielen«[37]. Die allgemeine Aufgabe, Sonn- und Feiertage in ihrem besonderen, von den Werktagen abgesetzten Charakter zu schützen, obliegt nicht dem Bund, sondern den Ländern, die sämtlich entsprechende Gesetze erlassen haben[38]. Eine (konkurrierende) Zuständigkeit des Bundes zur Gesetzgebung kann sich aus Art. 74 Nr. 11 und Nr. 12 GG nur dann ergeben, wenn man die Funktion des Sonntagsschutzes nicht auf die speziell kirchenpolitische Zielsetzung beschränkt, sondern zugleich von einer wirtschafts- und sozialpolitischen Zielsetzung ausgeht[39].

---

37 *Anschütz*, Die Verfassung des Deutschen Reiches, 3./4.Aufl. 1926, Erl. 1 zu Art. 139 WRV.
38 *Hesse*, Gutachten, 1963, S. 2 f.
39 Ausführlich zu den Fragen der Zuständigkeit des Bundesgesetzgebers, Regelungen wie die in der GewO und der AZO zu treffen, äußert sich *Hesse* (N 38), S. 6 ff.). Er bejaht im Ergebnis die Bundeskompetenz kraft Sachzusammenhangs mit den in Art. 74 Nr. 11 und 12 dem Bund konkurrierend offenstehenden Materien. Das Ergebnis wird von ihm so zusammengefaßt:
  Die Bundeskompetenz »berechtigt den Bund, über eine nur wirtschafts- und sozialpolitisch motivierte Ordnung der Arbeitsruhe hinaus zu allen feiertagsrechtlichen Regelungen, die in sachlich notwendigem Zusammenhang mit der Regelung der Arbeitsruhe stehen, und zwar auch dann, wenn Gesichtspunkte des Feiertagsschutzes im Ein-

Bereits der Wortlaut des Art. 139 WRV zeigt an, daß die Zielsetzung des Schutzes der Sonntagsruhe sich nicht auf den ethisch-religiösen Aspekt (»seelische Erhebung«) beschränkt, sondern auch sozialpolitischer Natur (»Arbeitsruhe«) ist[40]. Soweit ersichtlich, wird von keiner Seite die Kompetenz des Bundesgesetzgebers bestritten, Regelungen zu treffen, wie sie in §§ 105 a GewO enthalten sind. Sie haben zwar in einigen Einzelpunkten einen Bezug zu der Zielsetzung, Arbeitnehmern die Möglichkeit zur Ausübung ihrer Glaubensfreiheit zu verschaffen (so z.B. § 105 c Abs. 4 GewO), dienen aber im ganzen unverkennbar dem allgemeineren sozialpolitischen Ziel, Arbeitnehmern die erforderliche Zeit zur Ruhe und zur Erholung von den Anforderungen der Arbeitswelt zu sichern. Es ist seit jeher unbestritten, daß der Schutz des arbeitsfreien Sonntags sowohl religiösen als auch weltlichen und insbesondere sozialpolitischen Zwecken dient[41]. Dabei kann im Laufe der Zeit im Licht veränderter Umstände von einer »Akzentverschiebung« gesprochen werden: Stand bei der Schaffung der Gewerbeordnung – schon lange vor der Weimarer Verfassung – eindeutig die sozialpolitische Zielsetzung im Vordergrund, so mag diese heute im Zeichen der fortschreitenden Verkürzung der Arbeitszeit mit der Folge zurücktreten, daß die religiös-kulturelle und kirchenpolitische Seite wieder an Bedeutung gewinnt[42]. Doch kann dies nicht bedeuten, daß das schon aus dem Wortlaut des Art. 139 WRV erkennbare Ziel, dem Arbeitnehmer einen regelmäßigen Zeitraum der Ruhe mit der Möglichkeit zu verschaffen, mit seinen vielleicht ebenfalls berufstätigen Familienangehörigen einen arbeitsfreien Tag zu verbringen, unter den heutigen Verhältnissen bedeutungslos geworden wäre.

Durch Art. 140 GG ist Art. 139 WRV Bestandteil des heute geltenden Verfassungsrechts geworden. Die durch Art. 140 GG inkorporierten Artikel der WRV sind »damit vollgültiges Verfassungsrecht der Bundesrepublik

---

zelfall in den Vordergrund treten. Soweit der Bundesgesetzgeber von dieser Kompetenz Gebrauch macht, ist er daher berechtigt und verpflichtet, die Bindungen, denen der Staat im Hinblick auf den Feiertagsschutz unterliegt, zu realisieren. Darüber hinaus kann er legitimerweise weitere staatskirchenpolitische und allgemeinkulturelle Ziele verfolgen, die ... mit einer Regelung der Arbeitsruhe notwendig zusammenhängen«.

40 So auch *Anschütz* (N 37), Erl. 1 zu Art. 139 WRV.
41 Vgl. *Dirksen*, Das Feiertagsrecht, S. 10 f.; *Hemmich*, in: *v.Münch*, GG, Kommentar, Rn. 41 zu Art. 140; OVG Lüneburg, NJW 1985, S. 448; BayObLG, NJW 1985, S. 3091; OVG Münster, NZA 1986, S. 478 f.; BayObLG, BayVbl. 1987, S. 58 (59); VGH München, NJW 1987, S. 2604; VG Düsseldorf, GewArch. 1980, S. 272.
Auch schon bei der Erörterung des Art. 139 WRV in der Nationalversammlung wurde nicht allein die religiöse Komponente, sondern ebenso die sozialpolitische Zielsetzung angesprochen, vgl. *Richardi* (N 2), S. 41 f.
42 So *Hesse* (N 38), S. 1 f.

Deutschland geworden und stehen gegenüber den anderen Artikeln des Grundgesetzes nicht etwa auf einer Stufe minderen Ranges«[43]. Hieraus folgt, daß alle Normen des Grundgesetzes -einschließlich der durch Art. 140 GG inkorporierten Bestimmungen der WRV - so ausgelegt werden müssen, daß sie mit den übrigen Aussagen des Grundgesetzes vereinbar sind: »Vornehmstes Interpretationsprinzip ist die Einheit der Verfassung als eines logisch-teleologischen Sinngebildes, weil das Wesen der Verfassung darin besteht, eine einheitliche Ordnung des politischen und gesellschaftlichen Lebens der staatlichen Gemeinschaft zu sein«[44]. Dies hat Konsequenzen insbesondere für die Frage, wie das Gebot der Sonntagsruhe sich zu dem Grundrecht der Unternehmer auf Ausübung ihrer Berufsfreiheit verhält (hierzu unten C I 5). Die inkorporierten Artikel der WRV bilden mit den übrigen Bestimmungen des Grundgesetzes »ein organisches Ganzes und sind daher nach dem Sinn und dem Geist der grundgesetzlichen Werteordnung auszulegen«[45].

2. Art. 139 WVR als institutionelle Garantie

Art. 139 WRV wird von der überwiegenden Meinung in der Literatur als institutionelle Garantie verstanden[46]. Es handelt sich um unmittelbar anwendbares Recht, nicht lediglich um einen Programmsatz[47].
Die Erörterung der zahlreichen Streitfragen, die mit dem Begriff der institutionellen Garantien (Einrichtungsgarantien) verbunden sind, hält *Hesse* für unergiebig. Die theoretische Begründung der Unterscheidung zwischen institutionellen Garantien und »echten« Grundrechten bezeichnet er als fragwürdig; praktische Bedeutung könne allenfalls die Frage gewinnen, ob sich aus einer institutionellen Garantie subjektive Rechte herleiten ließen. Dies sei jedenfalls nicht prinzipiell zu verneinen, wie sich schon aus der Gewähr-

---

43 BVerfGE 19, 206 (219).
44 BVerfGE 19, 206 (220).
45 BVerfGE 19, 226 (236).
46 *Maunz*, in: *Maunz/Dürig/Herzog*, GG, Kommentar, Rn. 4 zu Art. 139 WRV; *Mattner*, Sonn- und Feiertagsrecht, 1987, S. 32 ff.; *Leinemann*, NZA 1988, S. 338 (342); *Pahlke*, GewArch. 1988, Beilage 2, S. 69 (73); *Richardi* (N 2), S. 43 ff.; *Pirson*, in: Evang. Staatslexikon, 3. Aufl. 1987, Sp. 3150; *Loritz* (N 9),S. 19 ff.; schon für die Weimarer Zeit Carl *Schmitt*, Verfassungslehre, 1928/1983, S. 171 (vgl. hierzu Klaus *Stern*, Das Staatsrecht der Bundesrepublik Deutschland, Band III/1, 1988, § 68, S. 751 ff., der jedoch in seiner ausführlichen Darstellung der »Einrichtungsgarantien« den Art. 139 WRV nicht einbezieht); *Häberle* (N 11), S. 25 spricht von einem »(verfassungs)staatlichen Schutzauftrag«; BVerwG GewArch. 1988, S. 188; BayVerfGH NJW 1982, S. 2656 f.
47 *Richardi* (N 3), S. 43; *Dirksen* (N 41), S. 25.

leistung der kommunalen Selbstverwaltung (Art. 28 Abs. 2 GG) oder des Berufsbeamtentums (Art. 33 Abs. 5 GG) ergebe. In beiden Fällen handele es sich um institutionelle Garantien, die nach der Rechtsprechung des Bundesverfassungsgerichts durchaus auch subjektive Rechte begründeten (wie sich heute ausdrücklich aus Art. 93 Abs. 1 Nr. 4 a, 4b GG ergibt)[48].
Nach dieser Auffassung kann auch die Frage dahingestellt bleiben, ob Art. 139 WRV subjektive Rechte begründet, und wer sich auf deren mögliche Verletzung berufen könnte. Auch wenn man der Meinung folgt, daß Art. 139 WRV keine subjektiven Rechte begründet[49], ergibt sich hieraus nichts über den Umfang des durch die Norm vermittelten verfassungsrechtlichen Schutzes. Zwar kann sich ein Arbeitnehmer, der von einer erweiterten gesetzlichen Zulassung von Sonntagsarbeit betroffen wäre, nicht mit einer Verfassungsbeschwerde gegen die Regelung mit dem Argument wehren, er sei in der ihm durch Art. 139 WRV gewährleisteten Arbeitsruhe am Sonntag verletzt. Dies ergibt sich daraus, daß Art. 139 WRV in dem Katalog der in Art. 93 Abs. 1 Nr. 4a GG bezeichneten Grundrechte und grundrechtsgleichen Rechte nicht aufgeführt ist. Auch dies mag noch nicht abschliessend die Frage beantworten, ob nicht doch ein Grundrecht vorliege (dessen Nichtaufnahme in Art. 93 Abs. 1 Nr. 4a GG nach einer Meinung auf einem Versehen beruhen soll[50])[51]. All dies bedarf hier keiner weiteren Erörterung. Denn jedenfalls ist Art. 139 WRV Bestandteil der verfassungsmäßigen Ordnung im Sinne von Art. 2 Abs. 1 GG und der einschlägigen verfassungsgerichtlichen Rechtsprechung. Wer durch eine die Sonntagsruhe einschränkende Regelung betroffen wird, welche nach seiner Behauptung den Normgehalt des Art. 139 WRV verletzt, ist hierdurch in seinem Grundrecht aus Art. 2 Abs. 1 GG betroffen. Hiergegen vermag er sich auch mit der Verfassungsbeschwerde zu wehren. Entsteht die gleiche Frage im Rahmen der Anwendung der betreffenden Rechtsnorm in einem vor dem Fachgericht anhängigen Rechtsstreit und setzt dieses ein Verfahren im Wege der konkreten Normenkontrolle nach Art. 100 Abs. 1 GG aus, so wird ein möglicher Verstoß gegen Art. 139 WRV ohne Rücksicht darauf geprüft, ob diese Bestimmung nur objektiven Charakter hat oder auch subjektive Rechte verleiht[52].

---

48 *Hesse* (N 38) S. 32; vgl. auch *Hesse*, Grundzüge des Verfassungsrechts der Bundesrepublik Deutschland, 16. Aufl., 1988, S. 112 f.
49 So *Maunz* (N 46), Rn. 4.2
50 So *Löw*, Die Grundrechte, 2.Aufl. 1982, S. 23 f.; hierzu *Loritz* (N 9), S. 20 m.w.N. in Anm. 26
51 Vgl. *Loritz* (N 9), S. 20 unter Bezugnahme u.a. auf *Hesse*.
52 Vgl. *Hesse* (N 38), S. 32 f.

Es führt daher nicht weiter, der Frage nach der Rechtsnatur des Art. 139 WRV nachzugehen. Von Bedeutung ist lediglich, welchen normativen Inhalt Art. 139 WRV hat. Verneint man, wie es der überwiegenden Meinung entspricht, seinen Grundrechtscharakter, so hat dies keine Konsequenzen für die Bestimmung des Norminhalts, sondern beantwortet nur die Frage, auf welchem verfassungsprozessualen Wege im Streitfall eine Klärung herbeigeführt werden kann.

Indem von Art. 139 WRV als einer institutionellen Garantie (Einrichtungsgarantie) gesprochen wird, ist zunächst nur festgestellt, daß es für die Ausgestaltung der Tätigkeit des Gesetzgebers bedarf. Dies ist das eigentliche Wesen der Einrichtungsgarantien: »Der Gesetzgeber prägt und formt sie, aber er gefährdet sie auch. Um sie namentlich vor seinen Eingriffen zu schützen, sind sie in die Verfassung aufgenommen«[53]. Das eigentliche Problem liegt in dem Zusammenfallen der Notwendigkeit gesetzlicher Ausgestaltung und der eben hierdurch möglichen Gefährdung der Einrichtung. Damit wird die »Frage nach der Abgrenzung zwischen geschütztem und ungeschützten Bereich ... das zentrale Problem aller Einrichtungsgarantien«[54].

Jeder Versuch einer Konkretisierung des Norminhalts von Art. 139 WRV muß an diesem Punkt ansetzen. Es genügt nicht, einfach auf die Offenheit des gesetzgeberischen Gestaltungsraums hinzuweisen, den das Bundesverfassungsgericht bei seiner institutionelle Garantien betreffenden Rechtsprechung gewährt habe. Die pauschalierende Aussage, das Bundesverfassungsgericht habe in solchen Fällen dem Gesetzgeber einen breiten Raum zur Verwirklichung seiner Auffassungen belassen, ist für sich allein wenig beweiskräftig, solange sie nicht mit der konkreten Feststellung verbunden wird, wo in diesen Fällen die Grenzziehung zwischen dem geschützten und dem ungeschützten Bereich zu verlaufen hat[55]. So findet sich, bezogen auf Fragen der Hochschulpolitik, ein solcher Satz in der Entscheidung zum Niedersächsischen Hochschulgesetz. Prüft man die Entscheidung genauer, so wird man kaum sagen können, daß sie in den dort umstrittenen Fragen der »Gruppenuniversität« dem Gesetzgeber einen weiten Raum zu eigenverantwortlicher Gestaltung belassen habe. Gewiß ist das Ergebnis nicht ohne

---

53 *Stern* (N 46), S. 868.
54 *Stern* (N 46), S. 868.
55 Die hier kritisierte Argumentation ist der Ausgangspunkt der Auffassung von *Loritz* (N 9), insbesondere S. 23 ff. Der wiederholte Hinweis auf die vom BVerfG zugestandene gesetzgeberische Gestaltungsfreiheit führt bei *Loritz* zu dem Ergebnis, daß Art. 139 WRV der Verwirklichung der sehr weit gehenden Vorstellungen eines Teils der Industrie über Ausnahmen vom Sonntagsarbeitsverbot nicht entgegenstehe.

Widerspruch geblieben, nicht zuletzt innerhalb des entscheidenden Senats selbst, wie die abweichende Meinung zeigt, die der Mehrheit gerade diesen Eingriff in die Gestaltungsfreiheit des Gesetzgebers vorgeworfen hat[56]. Der Vorgang illustriert aber, daß mit dem allgemeinen Hinweis auf den gesetzgeberischen Gestaltungsraum noch längst keine Aussage darüber verbunden sein muß, wo im einzelnen die Grenze zwischen erlaubter und nicht mehr erlaubter Gestaltung verläuft. Diese Grenze muß vielmehr nach dem Norminhalt der jeweils betroffenen institutionellen Garantie und ihrer Funktion innerhalb der Ordnung der Verfassung insgesamt bestimmt werden.

3. Inhalt der Garantie des Schutzes der Sonntagsruhe

Es besteht weitgehende Einigkeit darüber, daß die Entstehungsgeschichte des Art. 140 GG für die Auslegung des Art. 139 WRV wenig ergiebig ist; im Wege der historischen Interpretation läßt sich der Inhalt kaum konkretisieren[57]. Aus den knappen Äußerungen, die zu Art. 139 WRV vorliegen, wird man wenig entnehmen können. Ohnehin ist allgemein die Entstehungsgeschichte jedenfalls nach Auffassung des Bundesverfassungsgerichts nur von begrenzter Bedeutung für die Auslegung einer Norm[58].
Andererseits enthält Art. 139 WRV selbst eine Aussage darüber, worauf sich die staatliche Verpflichtung zum Schutz der Sonntagsruhe bezieht. Der Sonntag soll auch künftig der Arbeitsruhe und der seelischen Erhebung dienen. Damit ist sowohl die sozialpolitische als auch die religiös-kulturelle Aufgabe hinreichend umschrieben[59].
Daß der einzelne Arbeitnehmer am Sonntag nicht zu arbeiten braucht, dient nicht nur seiner individuellen Erholung, sondern hat auch einen Bezug zum Allgemeinwohl. Aus der Arbeitsruhe der Einzelnen ergibt sich zugleich eine Situation der Arbeitsruhe der Allgemeinheit oder jedenfalls der Mehrzahl der Bevölkerung. Würden die Zeiten der Erholung von der Arbeit nach einem festzusetzenden Rhythmus individuell mit der Folge bestimmt, daß die Pausen sich in unterschiedlicher Weise über die Wochentage verteilen, so wäre dies eine ganz andere Situation als die, welche die Verfassungsnorm fordert. Wesentlich ist über die individuelle Begrenzung der Arbeitszeit

---

56 BVerfGE 35, 79 (120); die abw.M. a.a.O. S. 148 ff.
57 *Hesse* (N 38), S. 35. Zur Entstehungsgeschichte vgl. *Loritz* (N 9), S. 15 f., 37 f.
58 Vgl. BVerfGE 6, 389 (431); 41, 291 (309); 45, 187 (227); 62, 1 (45).
59 *Hesse* (N 38). S. 35.

hinaus, daß die Zeit der Arbeitsruhe für die Allgemeinheit zeitlich zusammenfällt. So soll ein fester, sich immer wiederholender Rhythmus zwischen Arbeit und Arbeitsruhe entstehen. Die regelmäßig wiederkehrende Arbeitsruhe am Sonntag ermöglicht es dem einzelnen Arbeitnehmer, den Tag nach eigener Entscheidung mit seiner Familie, seinen Freunden oder in dem von ihm gewählten sozialen Umfeld zu verbringen[60]. Angemessene Erholungszeiten von der Arbeit für den einzelnen Arbeitnehmer, die ihm im Ergebnis die gleiche Zeit der Arbeitsruhe verschaffen würden wie die Sonntagsruhe, wären kein ausreichender Ersatz für deren weiterreichende Funktion. Die institutionelle Garantie soll sicherstellen, daß die Arbeitsruhe der Vielzahl der Arbeitnehmer und ihrer Familienangehörigen auf den gleichen Tag fällt. Auch dies – und gerade dies – ist Bestandteil des verfassungsrechtlich gewährleisteten Sonntagsschutzes.

Dieser Gemeinwohlaspekt des arbeitsfreien Sonntags[61] verdient besondere Betonung. Ein bestimmter Tag der Woche soll nicht der Arbeit gewidmet sein, sondern vielfältigen anderen Zwecken dienen. Sie werden nicht durch die Rechtsordnung festgelegt. In ihrer Unterschiedlichkeit spiegelt sich die Pluralität der Gesellschaft. Gemeinsame Grundlage aller im einzelnen sehr unterschiedlichen Aktivitäten, für die ein freier Tag eingeräumt wird, ist die regelmäßige Wiederkehr dieses grundsätzlich nicht durch Arbeit belasteten Tages[62]. An ihm wird Gelegenheit zur Entspannung, Ablenkung vom beruflichen Alltag und zur Erholung geboten, um für die neue Arbeitswoche Kraft zu sammeln.

Daß die Arbeitsruhe nicht nur individueller, sondern gemeinsamer Erholung dient, ist von großer Bedeutung für das gesellschaftliche Zusammenleben des Volkes[63]. Nur wenn dieser Tag allgemein arbeitsfrei ist, besteht die Möglichkeit, daß jedermann nach eigener Entscheidung entweder für sich allein seinen persönlichen, geistigen oder religiösen Interessen nachgeht, oder in der Familie, unter Freunden und Bekannten, in Vereinen oder an anderen Treffpunkten die von ihm gewünschten mitmenschlichen Beziehungen pflegt. Es besteht ein Tag, an dem nicht Berufspflichten die Kommunikation behindern[64]. Hierfür ist Voraussetzung, daß der wöchentliche

---

60 *Richardi* (N 2), S. 43 (45); *Pahlke*, GewArch. 1988, S. 73; BayVerfGH NJW 1982 S. 2656 (2657); BVerwG NJW 1988 S. 2252 (2253).
61 *Häberle* (N 11), S. 40.
62 Die Dokumentation des Zentralkomitees der Deutschen Katholiken, Zukunft des christlichen Sonntags in der modernen Gesellschaft, 1987, S. 7, spricht vom »wöchentlichen Feiertag unserer Gesellschaft«.
63 OVG Münster, NZA 1986, S. 478 (479).
64 OVG Münster, a.a.O. (N 63), S. 479.

freie Ruhetag einheitlich für alle gilt[65]. Anderenfalls könnten die persönlichen und gesellschaftlichen Kontakte nicht oder nur eingeschränkt gepflegt werden[66].

Art. 139 WRV will sicherstellen, daß der Sonntag keinen werktäglichen Charakter erhält[67]. Vielmehr soll er diesen besonderen, eigenartigen Charakter behalten. Würde stattdessen mit einer gleitenden Arbeitszeit jeweils ein Tag in der Woche für den einzelnen Arbeitnehmer arbeitsfrei, so wäre dies kein hinreichender Ersatz für den Sonntag.

4. Grundsatz der Sonntagsruhe und notwendige Ausnahmen

Aus dem Wortlaut des Art. 139 WRV läßt sich andererseits noch nicht entnehmen, wie der Schutz des Sonntags sicherzustellen ist, und wieweit der Schutz im einzelnen reichen muß[68]. Die Norm konkretisiert das Ausmaß des Schutzes nicht, und aus ihr läßt sich nicht ein unmittelbar geltendes Gebot oder Verbot entnehmen. Insbesondere folgt aus ihr nicht ein absolutes Arbeitsverbot für alle Arbeitnehmer. Es wäre auch nicht durchführbar, weil zahlreiche Dienstleistungen, die den Einsatz menschlicher Arbeit voraussetzen, auch an Sonntagen erforderlich und zum Teil geradezu lebensnotwendig sind. In Krankenhäusern, Versorgungsbetrieben, im Bereich des Verkehrs und der Ordnungskräfte muß auch an Sonntagen gearbeitet werden. Neben diesen unverzichtbaren Dienstleistungen stehen viele andere, die nicht lebensnotwendig sind, aber nach allgemeinem Verständnis und nach langer Tradition zum Sonntag gehören. Hierzu zählen vor allem die zahlreichen Angebote zur Freizeitgestaltung, ebenso natürlich auch die »sonntagskonformen Arbeiten«, die gerade im Dienste der religiösen Sonntagsruhe stehen, wie die von Kirchenmusikern und anderen Personen, die an der Durchführung von Gottesdiensten beteiligt sind[69]. Alle diese Tätigkeiten liegen außerhalb des Bereichs der industriellen Produktion und bedürfen hier keiner weiteren Erörterung. Daß sie allgemein im Licht des Art. 139 WRV als zulässig angesehen werden, zeigt ebenso an, daß das Gebot der Sonntagsruhe kein absolutes Verbot jeglicher Arbeit bedeuten kann, wie auch, daß es für Ausnahmen rechtfertigende Gründe geben muß. Leuchten

---

65 *Häberle* (N 11) S. 32 (und S. 58) spricht von der »Sonntagskultur«.
66 *Schatzschneider*, NJW 1989, S. 681 (682); *Däubler* (N 12), S. 5; *Ulber*, CR 1988, S. 399 (400); *Häberle* (N 60), S. 57 f.
67 *Häberle* (N 11), S. 25.
68 *Maunz* (N 46), Rn. 2 zu Art. 140 GG.
69 *Hesse* (N 38), S. 46.

sie bei den beispielhaft erwähnten Tätigkeiten als »verfassungsimmanente Schranke« des Art. 139 WRV[70] unmittelbar ein, so gilt dies für andere Tätigkeiten vor allem im Bereich der industriellen Produktion jedenfalls nicht von vornherein in gleicher Weise. Sollen auch diese zugelassen werden, so müssen hierfür vielmehr Gesichtspunkte vorhanden sein, die den Gründen, welche »sonntagskonforme Arbeiten« rechtfertigen, gleichwertig sind.

Das in Art. 139 WRV normierte Gebot des Schutzes der Sonntagsruhe bedarf der näheren Ausgestaltung durch den Gesetzgeber. Indem die Verfassungsnorm sagt, daß der Sonntag und die Feiertage »gesetzlich geschützt« blieben, wird ein Grundbestand gesetzlicher Regelungen vorausgesetzt, so wie ihn die Weimarer Reichsverfassung von 1919 mit den damals geltenden Bestimmungen der Gewerbeordnung vorgefunden hat. Zugleich wird dem Gesetzgeber die Aufgabe und die Befugnis zuerkannt, das geltende Recht so den sich wandelnden Verhältnissen und den Bedürfnissen der Zeit anzupassen, daß die mit Art. 139 WRV beschriebene Zielsetzung des Sonntagsschutzes weiterhin erfüllt werden kann. Eine Festschreibung des Gesetzesrechts, die den 1919 gegebenen Status quo für unveränderlich erklärt, ihm also ebenfalls Verfassungsrang verleiht, kann damit nicht verbunden sein[71].

Es wäre gerade auf dem Gebiet der industriellen Produktion, die im Laufe der immer schnelleren und radikaleren technischen Entwicklung Wandlungen erfahren hat, die weder von den Schöpfern der Weimarer Verfassung noch auch denen des Grundgesetzes vorhergesehen werden konnten, eine mehr als eigenartige Vorstellung, daß der Stand des ausgehenden 19. Jahrhunderts mit Verfassungskraft festgeschrieben sein sollte.

Ebensowenig kann aber das Argument allein, daß sich die technischen und wirtschaftlichen Bedingungen der industriellen Produktion seither erheblich geändert haben, zu der Folgerung führen, daß das früher einmal sinnvolle Gebot der Sonntagsruhe seine Berechtigung verloren habe. Aus der Sicht einiger Zweige der produzierenden Wirtschaft mag angesichts der technischen Entwicklung und der internationalen Wettbewerbssituation in den anderen industrialisierten Ländern gibt es keinen verfassungsrechtlich festgeschriebenen Schutz der Sonntagsruhe[72] – das Festhalten am grundsätzlichen Verbot der Sonntagsarbeit als eine Regelung erscheinen, die nicht »auf der Höhe der Zeit« ist[73]. Eine Prüfung der verfassungsrechtlichen

---

70 *Hesse* (N 38), S. 46.
71 *Hesse* (N 38), S. 42.
72 Vgl. die rechtsvergleichende Darstellung bei *Loritz* (N 9), S. 151 ff. und unten C.III. 3. c cc.
73 So wiederholt *Loritz* (N 9), S. 179, 184.

Situation hat aber davon auszugehen, daß Art. 139 WRV über Art. 140 GG weiterhin geltendes Verfassungsrecht ist. Dies schließt aus, dem Gesetzgeber künftig Regelungen zu gestatten, die der Zielsetzung des Art. 139 WRV zuwiderliefen. Vielmehr stellt sich auch unter den vielfach veränderten Bedingungen die gesetzgeberische Aufgabe, dafür Sorge zu tragen, daß der Sonntag auch weiterhin »gesetzlich geschützt« bleibt.

Die Gestaltungsbefugnis, die dem Gesetzgeber zugebilligt wird, ist hiernach keine freie oder beliebige, sondern sie ist in ihrer Richtung gebunden. Insofern ist es mißverständlich, von dem »Gesetzesvorbehalt« zu sprechen, den Art. 139 WRV enthalte und der so weit reiche, wie die Regelung des Gesetzgebers einen »Kernbereich« nicht antaste[74]. Zwar wird nicht jede künftig denkbare gesetzliche Regelung, welche die bisher geltenden Ausnahmen vom Verbot der Sonntagsarbeit aus einleuchtenden Gründen erweitert, schon deswegen als verfassungsrechtlich bedenklich angesehen werden müssen, weil sie die Zahl der an Sonntagen beschäftigten Arbeitnehmer vermehrt, also bei einer quantitativen Betrachtung den Sonntagsschutz nicht verstärkt, sondern reduziert. Es kommt darauf an, ob die Gründe, die für die Regelung geltend gemacht werden können, so gewichtig sind, daß sie auch gegenüber dem Schutzgebot des Art. 139 WRV bestehen können, also diesen gegenüber als vorrangig erscheinen. Hierzu äußert sich *Hesse* sehr eindeutig:

»Auf der anderen Seite kann der Regelungsauftrag des Art. 139 WRV aber auch nicht dahin verstanden werden, daß der Gesetzgeber völlig frei über die Zulässigkeit von Sonn- und Feiertagsarbeit entscheiden könne. Eine solche Interpretation würde bedeuten, daß die Garantie leerliefe und praktisch gegenstandslos wäre. Das wäre allgemein mit dem heutigen Verfassungsverständnis, vor allem aber mit dem positiven Verfassungsrecht unvereinbar, das wie die Artikel 19 Abs. 1 und 2 GG zeigen, einen solchen Leerlauf verfassungsrechtlicher Garantien gerade ausschließen will. Und das wäre speziell durch den Wortlaut des Art. 139 WRV nicht gedeckt. Der in dem Artikel gewährleistete Schutz erfordert zwar gesetzliche Regelungen; aber diese Regelungen haben von Verfassungs wegen den *Schutz* der Sonn- und anerkannten Feiertage zur Aufgabe. Jede Regelung der Sonn- und Feiertagsarbeit, die diesen Schutzauftrag verfehlt, wäre verfassungswidrig[75].

Der Gesetzgeber hat daher nicht eine Befugnis zu beliebiger Gestaltung. Er muß dafür Sorge tragen, daß der Schutz des Sonntags in der Lebenswirk-

---

74 *Loritz* (N 9), S. 39.
75 *Hesse* (N 38), S. 42.

lichkeit weiterhin besteht. Er verfügt nur über eine »begrenzte Ermächtigung«, Ausnahmen von dem grundsätzlichen Verbot zuzulassen[76]. Die wichtigste Frage geht dahin, nach welchen Maßstäben solche Ausnahmeregelungen zulässig sind, und wo die Grenze für Ausnahmen liegt.

5. Art. 139 WRV im Gesamtsystem des Grundgesetzes

Der Lebenssachverhalt, mit dem sich Art. 139 WRV auseinandersetzt, berührt im mehrfacher Weise auch andere Verfassungsnormen des Grundgesetzes zumal im Grundrechtsbereich. Sowohl für den Arbeitnehmer wie für den Arbeitgeber, die dem grundsätzlichen Verbot der Sonntagsarbeit unterliegen oder für die unter bestimmten Umständen Ausnahmen zugelassen werden, wird zugleich die Freiheit der Berufsausübung (Art. 12 Abs. 1 GG) betroffen, für den Unternehmer, der sein Produktiveigentum an diesen Tagen nicht nutzen kann, ist Art. 14 GG berührt. Im Bereich der Produktion oder des Vertriebs von Presseerzeugnissen kommen Fragen der Pressefreiheit (Art. 5 Abs. 1 GG), bei anderen Betätigungen solche in dem durch Art. 5 Abs. 3 GG geschützten Bereich der Kunst oder der Wissenschaft in Betracht.

Das Gebot der Sonntagsruhe ist geeignet, andere grundrechtlich geschützte Rechtspositionen zu verteidigen oder zu verstärken. So dient offensichtlich die die »seelische Erhebung« ermöglichende Arbeitsruhe der Freiheit der Religionsausübung (Art. 4 Abs. 2 GG), deren Schutz auch bei der Zulassung von Ausnahmen zu beachten ist. Man kann auch die Regelungen zum Sonntagsschutz als eine Konkretisierung des nach Art. 6 Abs. 1 GG zugesicherten Schutzes für Ehe und Familie ansehen.

Ob man darüber hinaus die Rezeption des Art. 139 WRV durch Art. 140 GG als eine »Konkretisierung des Sozialstaatsprinzips« (Art. 20 Abs. 1, Art. 28 Abs. 1 GG) ansehen will[77], ist eine Frage von nur geringer Bedeutung. In gewissem Umfange dienen gewiß alle Regelungen mit sozialpolitischer und insbesondere mit den Arbeitnehmer schützender Zielsetzung der Verwirklichung des sozialstaatlichen Grundsatzes. Daraus ergibt sich aber nicht, daß der Gesetzgeber gerade zu dieser Regelung verpflichtet ist. Vielmehr wird es in aller Regel der Entscheidungsfreiheit des Gesetzgebers unterliegen, auf welche Weise er seine Vorstellungen von sozialer Gerechtig-

---

76 *Hesse* (N 38), S. 42.
77 So *Richardi* (N 2), S. 43 f.; hiergegen ausführlich *Loritz* (N 9), S. 30.

keit in die Rechtsordnung umsetzen will. Im Bereich der Sonntagsarbeit ist dagegen der Gesetzgeber gerade nicht frei, sondern zu einer den Sonntag schützenden Regelung von Verfassungs wegen verpflichtet. Ob sich diese Verpflichtung auch aus dem Sozialstaatsprinzip ergeben würde, hätte nur dann Konsequenzen, wenn es ernsthafte Bestrebungen gäbe, Art. 139 WRV aus dem Grundgesetz herauszunehmen. Dem könnte dann Art. 79 Abs. 3 GG entgegenstehen. Es ist aber nicht erkennbar, aus welchen Gründen der Schutzzweck des Art. 139 WRV sogar von der »Ewigkeitsgarantie« des Art. 79 Abs. 3 GG umfaßt sein sollte.

Es ist weder ungewöhnlich noch besonders problematisch, daß ein Sachverhalt mehrere Grundrechte berührt, oder daß durch den Sachverhalt sowohl ein Grundrecht als auch eine Einrichtungsgarantie betroffen werden. Die Garantie dient dem gemeinwohlgerichteten Ziel, die Sonntagsruhe zu erhalten und zu schützen. Diese Zielsetzung wird dadurch in ihrer verfassungsrechtlichen Bedeutung noch verstärkt, daß hierdurch zugleich die Ausübung des Grundrechts der freien Religionsausübung erleichtert und gefördert wird[78]. Dies unterstreicht das Gewicht der Einrichtungsgarantie und bewahrt davor, sie nur als ein abstraktes Prinzip oder als ein letztlich unwichtiges Überbleibsel einer vergangenen Zeit anzusehen, das gegenüber den Anforderungen der modernen Industrieproduktion keinen wirklich ernsthaften und nachhaltigen Schutz beanspruchen könne. Die institutionelle Garantie dient auch dazu, Grundrechte zu schützen und ihrer Verwirklichung in der realen Arbeitswelt förderlich zu sein. Dies ist ein zusätzlicher Grund dafür, sie nicht zu bagatellisieren, sondern ernst zu nehmen. Geht es darum, die Funktionen einer Verfassungsnorm zu erschließen, so soll derjenigen Auslegung der Vorzug gegeben werden, »die die juristische Wirkungskraft der betreffenden Norm am stärksten entfaltet«[79]. Wenn auch aus Art. 139 WRV selbst keine subjektiven Rechte ableitbar sind, besteht doch ein Zusammenhang zu den Grundrechten vor allem aus Art. 4 Abs. 2 GG und Art. 6 Abs. 1 GG. Dem würde eine Auslegung nicht gerecht werden, die lediglich den Schutz eines von den betroffenen Menschen losgelösten Prinzips sehen würde.

Von Bedeutung ist die vor allem von *Loritz* vertretene Auffassung, daß die vom Gesetzgeber zur Sicherung der institutionellen Garantie des Art. 139 WRV erlassenen Regelungen, die Sonntagsarbeit grundsätzlich untersagen und nur ausnahmsweise unter bestimmten Voraussetzungen zulassen, zu einer Kollision mit dem Grundrecht des betroffenen Unternehmers aus Art.

---

78 Ausführlich zu diesem besonderen Aspekt *Hesse* (N 38), S. 49 ff.
79 BVerfGE 6, 55 (72); 32, 54 (71); 39, 1 (38); 43, 154 (167).

12 Abs. 1 GG führten[80]. Hieraus ergibt sich nach dieser Auffassung die Frage, ob die Garantie des Art. 139 WRV dazu führen könne, »daß der Gesetzgeber ein Grundrecht der betroffenen Unternehmer über die verfassungsrechtlichen Schranken dieses Grundrechts hinaus, also in größerem Umfang als diese speziellen Schranken es zulassen, einschränkt? Oder anders ausgedrückt: Hat der Zweck des Schutzes der institutionellen Garantie . . . Vorrang vor den Grundrechten der betroffenen Unternehmen?«[81]
Hieraus ergeben sich erhebliche Konsequenzen, die der Erörterung bedürfen. *Loritz* meint, daß der Gesetzgeber das Verhältnis von Regel und Ausnahme »beim Eingriff in die Berufsfreiheit« nicht umdrehen dürfe; vielmehr sei er bei gesetzlichen Regelungen im Rahmen des Art. 139 WRV gehalten, das Grundrecht der Unternehmer aus Art. 12 Abs. 1 GG, insbesondere den Grundsatz der Verhältnismäßigkeit zu beachten:
»Wenn die Verfassung dem Gesetzgeber einen sehr weiten Spielraum läßt, wie er die institutionelle Garantie . . . sicherstellen will und ihn nur in einem Kernbereich bindet, der sich zudem angesichts der sich laufend wandelnden Vorstellungen ohnehin nur sehr schwer konkretisieren läßt, dann kann die Freiheit nicht so weit gehen, in andere Grundrechte unter Übergehen von deren Schranken einzugreifen. Denn da Art. 140 GG i.V. m. Art. 139 WRV gerade kein genau bestimmtes Verhalten, keine genau bestimmte Anordnung von Arbeitsverboten gebietet, sondern dem Gesetzgeber weites Ermessen beläßt, würde dies im Ergebnis dazu führen, daß der Gesetzgeber berechtigt wäre, sich über verfassungsrechtliche Grundrechtsschranken hinwegzusetzen.[82]«
Erst wenn die institutionelle Garantie der Sonntagsruhe ohne Überschreitung der grundrechtlichen Schranken nicht mehr sichergestellt werden könnte, dürfe daher der Gesetzgeber überlegen, ob ihm ein Eingriff in die Grundrechte gestattet sei. Dabei solle er zunächst einmal das »ausufernde Freizeitverhalten« in den Blick nehmen und dieses, wiederum unter Beachtung der betroffenen Grundrechte, regulieren[83].
Diese Überlegung, welche die Aufmerksamkeit des Gesetzgebers von der produzierenden Industrie auf das Sonntagsverhalten der nichtarbeitenden Bürger lenkt, wird zwar von *Loritz* als »rein theoretisch« bezeichnet, aber die Konsequenzen werden noch deutlicher und wohl nicht mehr so theore-

---

80 *Loritz* (N 9), S. 62 ff., insb. S. 73 ff.; mit grundsätzlich anderer Tendenz dagegen *Richardi* (N 2), S. 51 ff.; *Däubler* (N 12), S. 6 ff.
81 *Loritz* (N 9), S. 66 f.
82 *Loritz* (N 9), S. 77 f.
83 *Loritz* (N 9), S. 78.

tisch angedeutet. Büßten Bereiche der deutschen Industrie wegen des Verbots der Sonntagsarbeit ihre Konkurrenzfähigkeit auf den internationalen Märkten ein, so stellte sich das Verbot für sie nicht nur als eine Beschränkung der Berufsausübung, sondern als eine solche der Berufswahl dar. In diesem Falle sei »von Verfassungs wegen die Prüfung geboten, ob nicht in weiteren Teilbereichen der Industrie Sonntagsarbeit in größerem Umfang freigegeben werden müßte und zur Wahrung der Sonntagsruhe, also gewissermaßen als Kompensation, Einschränkungen im Rahmen der allgemeinen verfassungsrechtlichen Grenzen im Bereich anderer Grundrechte, die etwa das kommerzielle Freizeitverhalten betreffen, erforderlich wären«[84].

Die Ergebnisse dieser Überlegungen werden so zusammengefaßt:

»Zunächst muß der Gesetzgeber darauf achten, ob seine Regelung des Sonn- und Feiertagsarbeitsverbots einen berufsaufnahmeregelnden Charakter hat. Dann ist sie jedenfalls verfassungswidrig, wenn, wie derzeit immer, die Sonntagsarbeit in diesem Bereich den Kernbereich der institutionellen Garantie des Art. 140 GG i.V.m. Art. 139 WRV nicht verletzt; denn es fehlt die zwingende Erforderlichkeit zur Sicherung eines überragend wichtigen Gemeinschaftsgutes.

Handelt es sich, wie heute die Regel, um eine Berufsausübungsbeschränkung, so ist der Grundsatz der Verhältnismäßigkeit zu wahren. Das Bundesverfassungsgericht verlangt hierbei zu Recht, daß selbst zahlenmäßig beschränkte Gruppen typischer Fälle nicht ohne zureichende sachliche Gründe wesentlich stärker als die anderen belastet werden dürfen. Sonst könnte es dazu kommen, daß Unternehmen mit modernen Produktionsverfahren in der Bundesrepublik Deutschland in ihrer Berufsausübung nur deshalb ganz erheblich stärker beschränkt würden als andere Unternehmen, weil die ersteren mehr als die letzteren auf solche moderne Produktionsverfahren angewiesen sind.

Art. 140 GG i.V. Art. 139 WRV ermächtigt zwar den Gesetzgeber zur Einführung eines Arbeitsverbots an Sonntagen und Feiertagen. Aber es legitimiert ihn, solange ein solches Verbot nicht von Verfassungs wegen, weil zum Schutze des *Kernbereichs* der institutionellen Garantie erforderlich, geboten ist, nicht, es ausnahmslos und ohne Rücksicht auf die Schranken des Art. 12 Abs. 1 GG durchzusetzen.«[85]

Die Konsequenzen, die sich aus dieser Meinung ergeben, sind beträchtlich. Regelt der Gesetzgeber in Ausführung des sich aus Art. 139 WRV ergebenden Auftrages Fragen der Sonntagsarbeit, so ist er dem Unternehmer, den

---

84 *Loritz* (N 9), S. 78 f.
85 *Loritz* (N 9), S. 85 f.

er hierbei in seiner Berufsausübungs- oder im Extremfall sogar in seiner Berufswahlfreiheit beschränkt, den Nachweis schuldig, daß die Regelung zur institutionellen Sicherung der Sonntagsruhe erforderlich, also im Sinne der Rechtsprechung zu Art. 12 GG verhältnismäßig ist. Daß dabei unter Umständen auch »kompensatorische« Maßnahmen zu erwägen sind, die nicht den Bereich der Arbeitswelt, sondern das Freizeitverhalten betreffen, verschiebt allerdings das Problem auf eine andere Ebene. Zwar mag es zulässig und übrigens auch erwägenswert sein, zu prüfen, ob wirklich die Ausgestaltung des freizeitbestimmten Sonntagsverhaltens in der heutigen Wirklichkeit noch dem Bild des Art. 139 WRV entspricht, der mit der Charakterisierung des Sonntags als Tag der »seelischen Erhebung« sicher nicht jegliche Aktivität billigen wollte. Auch soweit man aber Überlegungen in dieser Richtung für zulässig halten sollte, sind sie von vornherein ungeeignet, dem verfassungsrechtlichen Leitbild des Sonntags insoweit zu entsprechen, als es sich bei diesem nach Art. 139 WRV um einen Tag »der Arbeitsruhe« handeln soll.

Arbeitsruhe und Möglichkeit der seelischen Erhebung – mehr als diese Möglichkeit kann keine gesetzliche Regelung schaffen – bedingen und ergänzen einander. Dabei entspricht es gewiß dem freiheitlichen Bild der Verfassung, daß nicht der Staat, sondern der Einzelne selbst entscheidet, auf welche Weise er die ihm durch die Befreiung von der Arbeit zugefallene Zeit nützt oder auch vertut. Da der Staat schon wegen des verfassungsrechtlich gebotenen Respekts vor der individuellen Glaubensüberzeugung (Art. 4 Abs. 1, Abs. 2 GG) allenfalls die äußeren Bedingungen normieren darf, die für die »seelische Erhebung« förderlich sein mögen, aber die persönliche Entscheidung hierüber nicht regeln darf, verbleibt als wesentlicher Gegenstand jeder gesetzlichen Regelung, die Art. 139 WRV in der Lebenswirklichkeit Geltung verschafft, nur die Ausgestaltung des Sonntags als eines arbeitsfreien Tages. Hält die Rechtsordnung an dem Prinzip der Sonntagsruhe in der Arbeitswelt fest und duldet sie eine Durchbrechung des Prinzips nur in begrenzten und begründeten Ausnahmefällen, so wird hiermit lediglich eine äußere Voraussetzung dafür geschaffen, daß der Sonntag auch künftig dem verfassungsrechtlich vorausgesetzten Leitbild entspricht. Gibt der Staat dieses Prinzip auf, so kann das Ziel des Art. 139 WRV nicht erreicht werden, und auch »kompensatorische« Maßnahmen würden hieran nichts ändern können. Das Festhalten an der sonntäglichen Arbeitsruhe ist daher die conditio sine qua non des Sonntagsschutzes.

Für *Hesse* ergeben sich die grundsätzlichen Folgerungen in einer Weise, die der Argumentation von *Loritz* in dem entscheidenden Punkt geradezu entgegengesetzt ist:

»Vergegenwärtigt man sich diesen *Sinn*, so ist ... davon auszugehen, daß der Regelungsauftrag des Art. 139 WRV primär der *Realisierung der Arbeitsruhe an Sonn- und Feiertagen* dient. Grundsätzlich ist daher der Gesetzgeber verpflichtet, Sonn- und Feiertagsarbeit zu verbieten. Indessen wäre eine uneingeschränkte Arbeitsruhe an Sonn- und Feiertagen ohne schwere Schäden undurchführbar. Es bedarf zuordnender und ausgleichender Regelungen, die das von der Verfassung prinzipiell normierte Gebot der Arbeitsruhe an Sonn- und Feiertagen in denjenigen Grenzen realisieren, die gezogen werden müssen, um unverhältnismäßige Schäden für andere wichtige Schutzgüter zu vermeiden. Da solche Regelungen unvermeidlich konkretisierend bewerten und differenzieren müssen, können sie von der Verfassung nicht selbst getroffen werden. Sie werden dem einfachen Gesetzgeber überlassen, der dabei freilich durch den Zweck dieser Zuweisung gebunden ist: Er darf das grundsätzliche Gebot der Arbeitsruhe an Sonn- und Feiertagen nur insoweit einschränken, als dies um der Abwendung von unverhältnismäßigen Nachteilen für andere unentbehrliche Schutzgüter willen notwendig ist. Dieser Satz besagt aber nichts anderes, als daß der Gesetzgeber durch die Grundsätze der *Verhältnismäßigkeit und Erforderlichkeit* gebunden ist.«[86]

Während das Verhältnismäßigkeitsprinzip nach der von *Loritz* vertretenen Meinung von dem Gesetzgeber den Nachweis verlangt, daß ein von ihm normiertes Verbot der Sonntagsarbeit erforderlich, geeignet und zumutbar ist, bedeutet es nach Auffassung von *Hesse* umgekehrt, daß Ausnahmen von dem grundsätzlichen Gebot der Sonntagsruhe den gleichen Anforderungen unterliegen. Das ist ein sehr wesentlicher Meinungsunterschied, der auch für die weiteren Überlegungen von Bedeutung ist.

Um hierzu Stellung zu nehmen, muß nicht erneut die Frage aufgenommen werden, ob Art. 139 WRV grundrechtliche Elemente enthält oder »nur« eine Einrichtungsgarantie darstellt (vgl. hierzu oben C I 2). Mit der überwiegenden Meinung kann man davon ausgehen, daß Art. 139 WRV eine institutionelle Garantie darstellt. Aus dieser Charakterisierung ergibt sich aber nicht ein bestimmtes Rangverhältnis zu anderen Verfassungsnormen, etwa eine mindere Bedeutung oder eine geringere Geltungskraft gegenüber dem Grundrechtsteil. Diese Betrachtungsweise ist gegenüber dem Grundgesetz unangebracht, das keine Programmsätze kennt, sondern in allen seinen Aussagen Geltung verlangt. Wie bereits erwähnt (vgl. oben C I 1), be-

---

86 *Hesse* (N 38), S. 45 f.

zeichnet das Bundesverfassungsgericht die durch Art. 140 GG inkorporierten Artikel der Weimarer Verfassung als vollgültiges Verfassungsrecht, das gegenüber den anderen Artikeln des Grundgesetzes »nicht etwa auf einer Stufe minderen Ranges« stehe[87].

Es ist ein geläufiger Vorgang, daß eine im Grundgesetz enthaltene institutionelle Garantie Lebenssachverhalte betrifft, die zugleich Gegenstand grundrechtlichen Schutzes sind. Hieraus können sich Abgrenzungsfragen ergeben, und auch Kollisionen sind nicht ausgeschlossen. Die Einzelheiten bedürfen hier keiner Darstellung[88]. Dabei sind zwischen den institutionellen Garantien und inhaltlich berührten Grundrechten verschiedenartige Wechselwirkungen möglich. Zu ihnen gehört die Möglichkeit, daß Einrichtungsgarantien »auch Schutzwirkungen gegenüber der Ausübung von Grundrechten« entfalten können. Sie wirken insoweit als Grundrechtsschranken«.[89]

Dies alles braucht hier aber nicht erörtert zu werden, weil zwischen Art. 139 WRV und Art. 12 Abs. 1 GG eine Kollisionssituation nicht besteht. Es ist eine bloße Selbstverständlichkeit, daß der Gesetzgeber bei seiner gestaltenden Tätigkeit das Grundgesetz und insbesondere die Grundrechte beachten muß. Dies gilt auch dann, wenn er einen Auftrag erfüllt, den ihm die Verfassung selbst erteilt. Ebenso selbstverständlich ist aber auch umgekehrt, daß das Grundgesetz den Gesetzgeber nicht zu einer Tätigkeit verpflichten kann, an der er durch andere Normen des gleichen Grundgesetzes gehindert wäre. Aus dem Hinweis, daß Regelungen aufgrund des Art. 139 WRV die Berufsausübungsfreiheit des Unternehmers, in besonderen Fällen möglicherweise auch die Freiheit der Berufswahl berühren können, ergibt sich nicht ein Vorrang des Grundrechts in dem Sinne, daß die gesetzliche Regelung der Sonntagsarbeit nur dann zulässig wäre, wenn sie sich innerhalb der durch Art. 12 Abs. 1 GG, vor allem durch das Verhältnismäßigkeitsprinzip, gezogenen Grenzen hält. Damit wird eine Kollisionslage behauptet, die einen inneren Widerspruch zwischen den verfassungsrechtlichen Normen voraussetzt.

Die Rechtsprechung des Bundesverfassungsgerichts legt nicht die von *Loritz* gezogene Schlußfolgerung nahe, sondern spricht eher für die gegenteilige Meinung. Da Art. 139 WRV mit jeder nur denkbaren Klarheit den Sonntag als einen Tag der Arbeitsruhe bezeichnet, ließe sich daran denken,

---

87 BVerfGE 19, 206 (219).
88 Vgl. die ausführliche Darstellung bei Klaus *Stern (N 46)*, § 68 (S. 751 ff.).
89 *Stern* (N 46), S. 873 mit Nachweisen aus der Rechtsprechung des Bundesverfassungsgerichts.

35

daß insoweit eine unternehmerische Tätigkeit als eine unerlaubte anzusehen ist. Seit dem Apothekenurteil hat das Bundesverfassungsgericht mehrfach ausgesprochen, daß »Beruf« im Sinne des Art. 12 Abs. 1 GG nicht schlechthin jede Tätigkeit ist, die der Existenzsicherung zu dienen bestimmt ist. Vielmehr ist Beruf jede *erlaubte* Tätigkeit[90]. Diese Formulierung ist allerdings nicht ganz eindeutig. Während es wohl zweifelsfrei ist, daß sich etwa ein »Berufsverbrecher« nicht im Rahmen einer durch Art. 12 Abs. 1 GG geschützten Tätigkeit befindet[91], ist es zweifelhaft, wie andere gemeinschaftsschädliche oder von den gesellschaftlichen Anschauungen mißbilligte Tätigkeiten einzuordnen sind, wie etwa die Ausübung der gewerbsmäßigen Astrologie oder die Gewerbsunzucht. Folgt man der einleuchtenden Abgrenzung, nach der nur solche Betätigungen aus dem Berufsbegriff des Art. 12 Abs. 1 GG herausfallen, die allgemein nicht erlaubt sind, deren Verbotensein oder Gemeinschaftsschädlichkeit unabhängig von der Art und Weise ihrer beruflichen Wahrnehmung besteht[92], so fällt die industrielle Produktion an Sonntagen gewiß nicht hierunter. Auch der Unternehmer, der eine nach der Gesetzeslage nicht zulässige Sonntagsarbeit durchführen läßt, verbleibt unter dem grundsätzlichen Schutz des Art. 12 Abs. 1 GG. Andererseits kann er sich von dem Verbot der Sonntagsarbeit nicht mit dem bloßen Hinweis darauf befreien, daß er in seiner unternehmerischen Tätigkeit insgesamt unter dem Schutz des Grundrechts der Berufsfreiheit stehe. Es ist nicht möglich, den jedem Unternehmer zustehenden grundrechtlichen Anspruch auf möglichst ungehinderte Berufsausübung von seiner Gesamttätigkeit isoliert auf die Frage zu konzentrieren, ob hieraus auch folgt, daß er seine Betätigung auch an Sonntagen durchführen kann. Geschützt ist nicht die Tätigkeit eines »Sonntagsunternehmers«, sondern die unternehmerische Betätigung insgesamt in allen ihren Ausgestaltungen. In Frage steht überhaupt nur, ob das dem Gesetzgeber zustehende Recht besteht, nach Maßgabe des Art. 139 WRV regelnd in die durch Art. 12 Abs. 1 GG geschützte Tätigkeit einzugreifen, wie dies außerhalb des hier zu erörternden Themas in vielfacher Beziehung auch sonst geschieht. Bedarf es hierfür einer Rechtfertigung, die im Sinne der einschlägigen Rechtsprechung des Bundesverfassungsgerichts bei Berufsausübungsregelungen »vernünftige

---

90 BVerfGE 7, 377 (397); 9, 73 (78); 13, 97 (106); 14, 19 (22); 48, 376 (388); 50, 290 (362); 54, 301 (313); 68, 272 (281).
91 *Scholz*, in: *Maunz-Dürig-Herzog*, GG, Rn. 25 zu Art. 12 GG.
92 So *Scholz*, a.a.O. (N 90), Rn. 28; ähnlich *Tettinger*, AöR Bd. 108 (1983), S. 92 (98). Zweifel an dem Kriterium des Erlaubtseins äußert auch Hans Heinrich *Rupp*, AöR Bd. Bd. 92 (1967), S. 212 (219).

Erwägungen des Gemeinwohls« voraussetzt, die solche Regelungen rechtfertigen und die auch erforderlich und geeignet sind, das gemeinwohlbezogene Ziel zu erreichen, so stellt es keine Besonderheit dar, wenn dies auch für eine Regelung verlangt wird, die die Arbeit an Sonntagen verbietet oder sie nur unter bestimmten engen Voraussetzungen zuläßt. Eben diese vernünftigen Erwägungen des Gemeinwohls sind aus Art. 139 WRV zu entnehmen. Ihre Besonderheit besteht nur darin, daß es sich nicht um die möglicherweise mit der Zeit wechselnden Gerechtigkeitsvorstellungen des einfachen Gesetzgebers handelt, sondern um verfassungsrechtlich festgeschriebene Wertungen, die – abgesehen von der Möglichkeit einer Verfassungsänderung – sogar der Disposition des einfachen Gesetzgebers entzogen sind. Das für die Auslegung des Verfassungsrechts wesentliche Prinzip der »Einheit der Verfassung« bedeutet, konkret auf das zu erörternde Problem bezogen: Dem Verfassungsgeber war bei seiner Entscheidung zu Art. 12 Abs. 1 GG bekannt, daß sich aus Art. 139 WRV das Gebot der Arbeitsruhe an Sonntagen ergibt. Damit stößt Art. 12 Abs. 1 GG insoweit und von vornherein auf eine Schranke der Grundrechtsausübung, soweit es sich um die unternehmerische Tätigkeit an Sonntagen handelt. Daß der Gesetzgeber aus vernünftigen Gründen des Gemeinwohls handelt, könnte nicht stärker und deutlicher als dadurch belegt werden, daß die Verfassung selbst die Entscheidung trifft[93].

Es fördert nicht die Klärung, wenn davon gesprochen wird, daß dem Gesetzgeber nur der Schutz eines »Kernbereichs« des Art. 139 WRV obliege und er im übrigen einen weiten Gestaltungsraum zur Verfügung habe[94]. Die Geltung einer Verfassungsnorm beschränkt sich nicht auf deren »Kernbereich«, sondern erstreckt sich auf ihren gesamten Inhalt. Der Schutz eines »Kernbereichs« oder besser des »Wesensgehalts« eines Grundrechts – was Art. 139 WRV ja gerade nicht sein soll – kommt dann zur Geltung, wenn das Grundgesetz dem Gesetzgeber erlaubt, einschränkende Regelungen vorzunehmen (Art. 19 Abs. 1, Abs. 2 GG). Im Fall des Art. 139 WRV geht es aber nicht um eine Beschränkung, sondern um die Ausgestaltung des Schutzes der Sonntagsruhe, die im Detail gesetzgeberischer Regelung bedarf und dabei auch berücksichtigen darf, daß aus anderen gewichtigen Gründen des Gemeinwohls Ausnahmeregelungen erforderlich sind. Soweit solche Gründe vorliegen, sind sie auch im Lichte des Gebots des Sonntagsschutzes zu respektieren und als dessen verfassungsimmanente Schranken anzusehen. Dies bedeutet aber, daß sich nicht der Gesetzgeber, der Art.

---

93 Ähnlich wie hier *Richardi* (N 2), S. 52 f.; *Däubler* (N 12), S. 6.
94 So z.B. in dem zu Anm. 85 wiedergebenen Zitat.

139 WRV durch gestaltende Regelungen zur Wirksamkeit in der Wirklichkeit der Arbeitswelt verhilft, hierfür durch zusätzliche Gemeinwohlgründe rechtfertigen muß. Insoweit kann er sich schlicht auf Art. 139 WRV berufen, und aus Art. 12 Abs. 1 GG ergibt sich nichts, was dem entgegensteht. Auch die weitere Prüfung einer gesetzlichen Regelung, die der Sicherung der Arbeitsruhe an Sonntagen dient, kann nicht zu einer Kollision zwischen Art. 139 WRV und dem Grundrecht der Berufsfreiheit führen. Zwar ist es theoretisch nicht ausgeschlossen, daß eine rigorose Regelung, die im Extremfall ein ausnahmsloses Verbot jeglicher Sonntagsarbeit einführen wollte, mit dem verfassungsrechtlichen Schutz von Rechtsgütern in Konflikt geraten würde, die gegenüber dem Prinzip des Schutzes der Sonntagsruhe als vorrangig angesehen werden müßten. So würde die von niemandem erwogene Einführung einer Sonntagsruhe sogar für Krankenhäuser oder für Rettungsdienste und die Feuerwehr das Leben und die Gesundheit von Menschen gefährden, denen geholfen werden muß, und damit einen Konflikt zu der sich aus Art. 2 Abs. 2 S. 1 GG ergebenden staatlichen Schutzpflicht hervorrufen. Auch in diesem Falle bedarf es nicht einmal der Annahme einer Kollision zwischen der institutionellen Garantie und dem Grundrecht, weil sich schon aus den verfassungsimmanenten Schranken des Art. 139 WRV selbst ergibt, daß das Gebot der sonntäglichen Arbeitsruhe nicht bis in solche Extremfälle hinein durchgeführt werden darf. Das ist aber eine andere Situation als die normale und realitätsnähere Spannungslage, die zwischen dem legitimen Interesse des Unternehmers, seinen Beruf möglichst frei von staatlichen Regelungen und Beschränkungen auszüben, und dem ebenso legitimen gemeinwohlbezogenen Gebot besteht, die Arbeitnehmer vor übermäßiger Beanspruchung zu schützen und im Interesse der Erhaltung der »Sonntagskultur« einen Tag der Woche grundsätzlich arbeitsfrei zu halten. Regelt der Gesetzgeber einen Konflikt dieser Art, so liefert Art. 12 Abs. 1 GG hierfür die Maßstäbe. An ihnen muß sich der Gesetzgeber messen lassen. Er muß also darlegen können, daß die die Berufsausübung einschränkende Regelung durch vernünftige Erwägungen des Gemeinwohls gerechtfertigt und daß sie geeignet und erforderlich ist, das legitime Ziel zu erreichen, und schließlich auch, daß sie dem betroffenen Unternehmer zumutbar ist. Alle diese Fragen stellen sich bei einem gesetzlichen Verbot der Sonntagsarbeit in keiner anderen Weise als bei jeder anderen Beschränkung der Berufsausübung. Sie werden aber aus Art. 139 WRV beantwortet. Es bedarf neben der Wertung, die sich aus der Verfassung selbst ergibt, keiner zusätzlichen Rechtfertigung dafür, daß der Sonntag ein Tag der Arbeitsruhe sein soll. Ebensowenig kann zweifelhaft sein, daß eine gesetzliche Regelung, die dieses Gebot ausgestaltet, zur Er-

reichung des Ziels geeignet und erforderlich sowie dem betroffenen Unternehmer zumutbar ist. Anders kann es nur dann sein, wenn das Verbot gewichtige Nachteile für andere Rechtsgüter bewirkt, die auch bei voller Würdigung der Bedeutung der Sonntagsruhe als schutzbedürftiger erscheinen. Dies bedeutet im Ergebnis, daß der Gesetzgeber, der Regelungen zur Sicherung der Sonntagsruhe vornimmt, hierfür keiner zusätzlichen Rechtfertigung als derjenigen bedarf, die sich unmittelbar aus Art. 139 WRV ergibt. Der Rechtfertigung bedürften dagegen Regelungen, die die Zielvorstellung des Art. 139 WRV durch Ausnahmen vom Verbot der Sonntagsarbeit modifizieren. Daß der Gesetzgeber hierin nicht völlig frei ist, wird auch von derjenigen Meinung zugestanden, die sich für weitgehende und großzügige Ausnahmeregelungen einsetzt. Die Formel von dem notwendigen Schutz des »Kernbereichs« deutet an, daß auch nach dieser Meinung dem gesetzgeberischen Ermessen eine Grenze gezogen ist. Der Meinungsstreit wird sich daher auf die Frage konzentrieren, wo diese Grenze verläuft und nach welchen Maßstäben sie zu bestimmen ist.

Bevor (unter III) diese Frage erörtert wird, soll das heute geltende Gesetzesrecht in seinen Grundzügen dargestellt und erörtert werden. Aus ihm ergibt sich jedenfalls, wie der Gesetzgeber bisher die Möglichkeiten und Grenzen seiner Gestaltungsbefugnis nach Art. 139 WRV gesehen hat. Dies mag es erleichtern, die verfassungsrechtlichen Möglichkeiten und Grenzen einer Neuregelung zu beurteilen.

II. Die Rechtslage nach geltendem »einfachem« Recht

1. Einführung

Der Bundesgesetzgeber hat die schon aus dem Ausgang des 19. Jahrhunderts stammende Gewerbeordnung übernommen. Sie ist zuletzt am 1. Januar 1987 neu bekanntgemacht worden[95]. In dem hier interessierenden Teil ist der Schutz der Arbeitsruhe an Sonntagen festgelegt. Aus §§ 105 a und 105 b GewO ergibt sich das grundsätzliche Verbot der Sonntagsarbeit. In den §§ 105 c ff. GewO werden hiervon unter bestimmten Voraussetzungen Ausnahmen zugelassen.

---

95 BGBl. I S. 425.

Neben dieser Regelung in der Gewerbeordnung kommt § 28 AZO für das Problem der Sonntagsarbeit in Betracht.

Nicht weiter erörtert werden die die Bundesregelung ergänzenden Gesetze der Länder über den Sonntags- und Feiertagsschutz. Der Bund hat die konkurrierende Gesetzgebungskompetenz, die im allgemeinen aus Art. 74 Nr. 12 GG (Arbeitsrecht einschließlich der Betriebsverfassung, des Arbeitsschutzes und der Arbeitsvermittlung) und aus Art. 74 Nr. 11 GG (Recht der Wirtschaft) hergeleitet wird (vgl. hierzu oben C I 1).

Die gesetzlich zugelassenen Ausnahmen vom Verbot der Sonntagsarbeit betreffen im wesentlichen zwei deutlich voneinander zu trennende Fallgruppen. Zunächst handelt es sich bei ihnen um das Sonntags- und Bedürfnisgewerbe, also diejenigen Arbeiten, die der Befriedigung von gerade an Sonntagen entstehenden Bedürfnissen dienen. Die zweite Gruppe - sie allein ist hier zu behandeln - betrifft die Ausnahmen, die einem Interesse der produzierenden Wirtschaft an Fortführung der Produktion auch an Sonntagen entgegenkommen wollen.

2. Ausnahmen vom Sonntagsarbeitsverbot aus wirtschaftlichen Gründen

a) Technische und wirtschaftliche Gründe

Die nach der GewO zulässigen Ausnahmen vom Verbot der Sonntagsarbeit lassen sich teils auf technische, teils auf wirtschaftliche Gründe oder auch auf ein Zusammentreffen beider zurückführen. So wird die Ausnahmeregelung des § 105 c Abs. 1 Nr. 1 GewO (Arbeiten in Notfällen und im öffentlichen Interesse) als eine Regelung angesehen, die wirtschaftliche Gründe habe. Dagegen werden die in § 105 c Abs. 1 Nrn. 3 und 4 GewO behandelten Fallgruppen (Bewachungs-, Reinigungs- und Instandhaltungsarbeiten; Arbeiten zur Verhütung des Verderbens von Rohstoffen oder des Mißlingens von Produkten) als durch technisch vermittelte wirtschaftliche Gründe gerechtfertigt angesehen[96].

Diese Begriffe umschreiben das Problem nur in sehr allgemeiner Form. Die Formulierungen der Gewerbeordnung haben teilweise einen nicht sehr präzisen und eher generalklauselartigen Charakter, aus dem sich Auslegungs- und Anwendungsprobleme ergeben. Der allgemeine Hinweis darauf, daß eine Ausnahme vom Verbot der Sonntagsarbeit durch - nicht weiter präzi-

---

96 So etwa *Häberle* (N 11), S. 37; *Däubler* (N 12), S. 8 f.

sierte – technische oder wirtschaftliche Gründe geboten sei, wird nicht ausreichen können. Jede Regelung, die dazu führt, daß Maschinen oder andere Vorrichtungen für eine gewisse Zeit abgeschaltet werden müssen, hat Auswirkungen technischer Art, und es ist ebenso offensichtlich, daß die wirtschaftliche Situation eines Unternehmens neben vielen anderen Faktoren, die sie beeinflussen, auch durch den Umstand verändert wird, daß ein Siebtel der wöchentlich verfügbaren Arbeitszeit nicht genutzt werden darf. Insofern ist mit der Bezugnahme auf technische oder wirtschaftliche Gründe noch wenig gewonnen. Es kann nicht bestritten werden, daß das Arbeitsverbot am Sonntag Kosten hat: »Es besteht grundsätzlich ein Frageverbot im Blick darauf, was der Sonntag wirtschaftlich ›kostet‹«[97]. Die Ausnahmeregelungen der Gewerbeordnung sind dahin zu verstehen, daß sie außergewöhnliche Kosten vermeiden wollen, die über den allgemeinen und unvermeidbaren Preis hinausgehen, den jede Unterbrechung der Arbeit mit sich bringt[98].

Auch die Unterscheidung zwischen technischen und wirtschaftlichen Gründen ist unscharf. Jedes technische Problem hat auch seine wirtschaftliche Seite. Im allgemeinen fallen Entscheidungen, die sich für eine bestimmte Technik aussprechen, nicht einfach danach, welches die beste jeweils zur Verfügung stehende Technik ist, sondern sie müssen die Folgen berücksichtigen und gegeneinander abwägen, die sich hieraus für die Preisgestaltung, die Lohnkosten und für viele andere Faktoren ergeben, von denen letzlich die erhoffte wirtschaftliche Gewinnchance abhängt. Das Arbeitsverbot am Sonntag führt dazu, daß Maschinen oder Anlagen abgeschaltet werden müssen. Dies kann technisch unvertretbar sein, weil entweder die Anlage selbst oder die mit ihr erzeugten Produkte Schaden nehmen. Es ist aber auch denkbar und nicht stets ausgeschlossen, daß der Schaden durch eine andere technische Ausstattung beseitigt oder doch auf ein erträgliches Maß reduziert werden kann. Auch das ist zunächst wieder eine technische Frage, aber auch sie hat – wie der befürchtete Schaden selbst – eine wirtschaftliche Seite. Letzlich ist jedenfalls dann, wenn technische Alternativen zur Verfügung stehen, entscheidend, ob sie so kostenaufwendig sind, daß sie keinen rentablen Betrieb mehr ermöglichen. Dies ist keine allein technische, sondern eine – allerdings weitgehend durch die Bedingungen der Technik bestimmte – wirtschaftliche Frage.

Hieraus ergibt sich, daß die Unterscheidung zwischen technischen und wirtschaftlichen Gründen, die zur Rechtfertigung von Ausnahmen vom

---

[97] *Häberle* (N 11), S. 37; ähnlich *Richardi* (N 2), S. 58.
[98] *Häberle* (N 11), S. 37.

Verbot der Sonntagsarbeit dienen sollen, nur sehr bedingt durchführbar ist und allenfalls eine grobe Orientierung ermöglicht.

b) Überblick über die gesetzlichen Ausnahmen vom Arbeitsverbot

Die von der Gewerbeordnung zugelassenen Ausnahmen sind in den §§ 105 c ff. aufgeführt. Überwiegend sind die Vorschriften nicht sehr präzise formuliert. Bei ihrer Anwendung und Auslegung ergeben sich erhebliche Spielräume. Dies ist bei einer Materie unvermeidlich, die dem ständigen Wandel der Technik unterliegt, aber dies bringt auch Unsicherheiten mit sich.

aa) Notstandsähnliche Gefahren. Ausnahmsweise sind Arbeiten an Sonntagen zulässig, die in Notfällen oder im öffentlichen Interesse vorgenommen werden müssen. Liegen diese Voraussetzungen vor, gilt die Ausnahme von dem Arbeitsverbot unmittelbar kraft Gesetzes. Eine behördliche Erlaubnis ist nicht erforderlich. Gemeint sind notstandsähnliche Gefahren[99], also unvorhersehbare Situationen mit einem erheblichen Gefahrenpotential entweder für den betroffenen Betrieb oder für die Allgemeinheit. Zu denken ist hierbei vor allem an Gefährdungen von Leben und Gesundheit oder anderer gewichtiger Rechtsgüter bei Betriebsangehörigen, Kunden oder Dritten. Verfassungsrechtlich ist die Regelung durch den Schutzauftrag gerechtfertigt, der dem Staat vor allem im Hinblick auf Leben und Gesundheit der Menschen obliegt (Art. 2 Abs. 2 S. 1 GG).
Mit dieser Regelung ist die weitere Ausnahme des § 105 f GewO vergleichbar. Er erlaubt »zur Verhütung eines unverhältnismäßigen Schadens« der zuständigen Behörde, für eine bestimmte Zeit Ausnahmen zuzulassen. Gedacht ist an innerbetriebliche Sondersituationen, denen anders als durch eine zeitlich begrenzte Ausnahmegenehmigung nicht begegnet werden kann.
Die Formulierungen des § 105 f GewO sind so gewählt, daß sie den Ausnahmecharakter deutlich hervorheben. Sie verlangen daher eine restriktive Auslegung. Nur bei zurückhaltender Anwendung, die dem Charakter eines »Sonderopfers« Rechnung trägt, ist die Regelung im Licht des Art. 139 WRV gerechtfertigt. Die allgemeinen Kosten der Sonntagsruhe gehören zu der »Sozialbindung«, die Art. 139 WRV jedem Unternehmen auferlegt und die auch nach Art. 12 Abs. 1 GG zu tragen ist. Erst die darüber hinausge-

---

99 BVerwG, GewArch 1983, S. 225 (227); NJW 1986, S. 2003.

hende unverhältnismäßige Belastung rechtfertigt es, ihr durch eine Ausnahmegenehmigung Rechnung zu tragen.
Der Ausnahmecharakter des § 105 c Abs. 1 Nr. 1 und des § 105 f GewO wird dadurch unterstrichen, daß die Dauer der Unterbrechung der Sonntagsruhe dokumentiert werden muß.

bb) Technisch vermittelte wirtschaftliche Gründe. Bei den Ausnahmen, die § 105 c Abs. 1 Nr. 3 und Nr. 4 zulassen, stellen sich die heute aktuellen Streitfragen.
§ 105 c Abs. 1 Nr. 3 GewO erlaubt Arbeiten, die für den Fortgang der Produktion erforderlich sind oder von denen die Wiederaufnahme des vollen Betriebs nach der Arbeitsruhe abhängig ist. Diese Sonntagsarbeiten können Dauertätigkeiten sein, also regelmäßig erforderlich sein. Sie sind aber nicht mit der Produktion selbst, also mit kontinuierlicher industrieller Arbeit zu verwechseln. Zulässig sind solche vorbereitenden Arbeiten an Sonntagen nur, wenn es nicht möglich ist, sie an Werktagen vorzunehmen. Demnach handelt es sich nicht um Notfälle wie bei § 105 c Abs. 1 Nr. 1 GewO.
Besonders wichtig und umstritten ist § 105 c Abs. 1 Nr. 4 GewO, der dann Sonntagsarbeiten erlaubt, wenn sie erforderlich sind, um zu verhindern, daß Rohstoffe verderben oder Arbeitserzeugnisse mißlingen. Auch hier gilt das nur, wenn die Arbeiten nicht an Werktagen durchgeführt werden können.
Im einzelnen meint § 105 c Abs. 1 Nr. 4 GewO nach dem Stand von Rechtsprechung und Literatur mit »Rohstoffen« alle aus der Natur gewonnenen Erzeugnisse, auch Halbfabrikate, die dazu bestimmt sind, in dem weiteren Produktionsprozeß verarbeitet zu werden[100]. Ihr »Verderben« ist dann zu befürchten, wenn die Rohstoffe oder Zwischenprodukte unbrauchbar werden oder sich ihre Qualität nachhaltig verschlechtert[101].
Ein Fall des Mißlingens von Arbeitserzeugnissen betrifft das Ergebnis der Produktion auf jeder ihrer Stufen. Maßgeblich für die Zulässigkeit der Sonntagsarbeit ist die Frage, ob der Rohstoff oder das Arbeitserzeugnis ohne den Arbeitseinsatz am Sonntag verderben oder mißlingen würde[102].
Diese Regelung steht heute im Mittelpunkt vieler Erörterungen, weil mit ihrer Hilfe erreicht werden soll, unmittelbar aus dem Gesetz, ohne Ausnahmegenehmigung oder die besondere Rechtsgrundlage einer Rechtsverord-

---

100 Vgl. BayObLG, AP Nr. 1 zu § 105 c GewO; *Landmann-Rohmer-Neumann,* GewO, Kommentar, Stand 1988, Rn. 26 zu § 105 c; *Stahlhacke,* GewO, Kommentar, Stand 1981, Anm. II 7 a zu § 105 c; *Däubler* (N 12), S. 10; *Kappus,* BB 1987, S. 120 ff. (123); *Leinemann,* NZA 1988, S. 337 (341); *Richardi* (N 2), S. 80 f.
101 Vgl. die Nachweise in N 100.
102 BayObLG, AP Nr. 1 zu § 105 c GewO.

nung (§ 105 d GewO) industrielle Produktion in der Form vollkontinuierlicher Arbeit auch über das Wochenende hinaus einzuführen.
Weitere Ausnahmen können durch Rechtsverordnung vor allem für Betriebe eingeführt werden, bei denen Arbeiten vorkommen, die »ihrer Natur nach« eine Unterbrechung oder einen Aufschub nicht erlauben (§ 105 d GewO). Ergeht eine solche Rechtsverordnung, so ermöglicht sie den vollkontinuierlichen Betrieb. Um Wettbewerbsverzerrungen zu vermeiden, muß die Rechtsverordnung für alle Betriebe derselben Art gleichmäßig erfolgen[103].

c) Das Verhältnis der Ausnahmeregelungen zueinander

Besonders intensiv wird seit einiger Zeit erörtert, ob § 105 c Abs. 1 Nr. 4 GewO Rechtsgrundlage für die Zulässigkeit vollkontinuierlicher Arbeit, also für durchgängige Arbeit auch an Sonntagen sein kann.
Dies wird von der einen Meinung bejaht. Sie stützt sich hierbei besonders auf die Entscheidung des Bayerischen Obersten Landesgerichts vom 10. Januar 1963[104], an der sich auch die Praxis der Aufsichtsbehörden weitgehend orientiert.
Diese Auffassung kann nicht den Wortlaut des § 105 c Abs. 1 Nr. 4 GewO für sich in Anspruch nehmen, sondern muß ihn interpretatorisch ergänzen: Selbst wenn die Arbeit, die das Verderben von Rohstoffen oder die Unbrauchbarkeit des Produkts verhindert, an Werktagen vorgenommen werden könnte, soll dies der Zulässigkeit von Sonntagsarbeit nicht entgegenstehen, sofern die Vornahme der Arbeiten an Werktagen mit unverhältnismäßigen Nachteilen verbunden wäre. Unter diesen Nachteilen werden auch höhere Kosten und geringere Produktivität verstanden, das heißt Nachteile wirtschaftlicher Art[105]. Damit wird die zunächst nach technischen Gegebenheiten zu beantwortende Frage, ob es möglich ist, die Arbeiten an Werktagen vorzunehmen, in eine solche wirtschaftlicher Art umformuliert: ist es unwirtschaftlich oder unverhältnismäßig aufwendig, die Arbeit an Werktagen durchzuführen, so wird dies einer von technischen Voraussetzungen bestimmten Situation gleichgestellt.
Hier zeigt sich deutlich, daß die Abgrenzung zwischen technischen und

---

103 Vgl. BVerwG, NJW 1984, S. 1318; BayObLG, AP Nr. 1 zu § 105 c GewO.
104 AP Nr. 1 zu § 105 c GewO.
105 So – sämtlich unter Bezugnahme auf das BayObLG (N 103) – *Stahlhacke*, (N 99), Anm. II 5, Rn. 34, Anm. II 7 g zu § 105 c GewO; *Neumann*, in: *Landmann-Rohmer-Neumann* (N 99), Rn. 23, 31; *Leinemann* (N 99). S. 337 (341); *Kappus* (N 99), S. 120 (123); *Zmarzlik* (N 2), S. 257 (263); *Loritz* (N 9), S. 116 ff., insbes. S. 120.

wirtschaftlichen Umständen schwierig ist, jedenfalls dann, wenn man die von der überwiegenden Meinung vertretene Auslegung gutheißt. Sie muß auch in Kauf nehmen, daß die abgrenzenden Kriterien der Unverhältnismässigkeit und Unzumutbarkeit weder vorausberechenbar noch im Streitfall ohne große Mühe nachprüfbar sind. Dies gilt zumal dann, wenn auch noch Situationen einbezogen werden, in denen das Unternehmen nicht nachweisen kann, daß es ohne die vollkontinuierliche Arbeit in seiner Existenz gefährdet wäre. *Loritz,* der einräumt, daß sich »die Grenze der Existenzgefährdung nicht genau ziehen läßt«, macht auf die Situation aufmerksam, in der ein Unternehmen am Rande der Rentabilität produzieren muß und ihm daher Mittel für Investitionen fehlen, die »längerfristig« ihre Existenz bedrohen[106]. Erkennt man auch solche wirtschaftlichen Überlegungen an, die sich nicht auf die aktuelle Lage des Unternehmens, sondern auf eine mögliche, aber erst in der Zukunft liegende Entwicklung beziehen, so ist das Ergebnis eindeutig: Jedes Unternehmen kann nach eigener Entscheidung Sonntagsarbeit durchführen, wenn die Art der Technik kontinuierliche Tätigkeit nahelegt und die Vornahme der Verderb oder Beeinträchtigung der Produktqualität vermeidenden Arbeiten zwar auch wochentags möglich wäre, aber hiermit wirtschaftliche Nachteile verbunden sind. Dies wäre ein Ergebnis, von dem nicht mehr behauptet werden könnte, daß es den »Kernbereich« des Art. 139 WRV unberührt lasse.

Die Gegenmeinung, die allerdings nur von einer Minderheit vertreten wird, hält § 105 c Abs. 1 Nr. 4 GewO nicht für eine geeignete Rechtsgrundlage, um zu einer kontinuierlichen Produktion zu kommen[107]. Die Regelung gelte, auch nach ihren Motiven, nur für Arbeiten, die zur Vermeidung von Schäden erforderlich seien, das heißt für Arbeiten, die nur eine geringere Zeit in Anspruch nähmen[108], nicht dagegen für eine vollkontinuierliche Produktion auch an Sonntagen. Auch wenn die in § 105 c Abs. 1 Nr. 4 GewO beschriebenen Arbeiten von längerer Dauer seien oder an mehreren Sonntagen hintereinander durchgeführt werden müßten, rechtfertige dies noch keine vollkontinuierliche Arbeit[109]. Es handele sich um eine Ausnahmeregelung, deren Ziel es allein sei, Sondersituationen gerecht zu werden[110].

---

106 *Loritz* (N 9), S. 120 Anm. 100.
107 *Richardi* (N 2), S. 83 f., besonders S. 85 f.; *Däubler* (N 12), S. 10; *Ulber,* AuR 1987, S. 249 (255 f.); *Häberle* (N 11), S. 40 f., warnt davor, § 105 c Abs. 1 Nr. 4 GewO zu einer »verschwiegenen Generalklausel« für Sonntagsarbeit zu machen.
108 Dies ergebe sich aus den Materialien, vgl.Verhandlungen des Reichstags, Sten.Ber., 8.LP, I. Session 1890/91, Erster Anlageband, Aktenstück Nr. 4, S. 14; Zweiter Anlageband, Aktenstück Nr. 190, S. 1434.
109 *Richardi* (N 2), S. 86.
110 *Däubler* (N 12), S. 10.

Umstritten ist auch das Verhältnis von § 105 c Abs. 1 Nr. 4 GewO zu § 105 d GewO.
Nach der überwiegenden Meinung in der Rechtsprechung[111] und in der Literatur[112] wird die Anwendung des § 105 c Abs. 1 Nr. 4 GewO nicht deswegen ausgeschlossen, weil derselbe Betrieb auch durch eine Rechtsverordnung nach § 105 d GewO vom Verbot der Sonntagsarbeit befreit werden könnte. Beide Bestimmungen schlössen einander nicht aus. Die Ausnahmen, zu denen § 105 d GewO ermächtigt, werden als eine Ergänzung der nach § 105 c Abs. 1 Nr. 4 GewO zulässigen Ausnahmen angesehen.
Seit der Entscheidung des Bayerischen Obersten Landesgerichts wird eine Praxis geschildert, nach der es die Aufsichtsbehörden in gewissem Umfang duldeten, wenn ein Betrieb auf der Grundlage des § 105 c Abs. 1 Nr. 4 GewO kontinuierliche Sonntagsarbeit einführte[113]. Es ist hier nicht bekannt, welche tatsächlichen Voraussetzungen in diesen Fällen vorliegen und ob sich die Unternehmen bei Einführung der Sonntagsarbeit ausdrücklich auf § 105 c Abs. 1 Nr. 4 GewO berufen.
Für die betroffenen Unternehmen hat es erhebliche Vorteile, wenn sie sich auf § 105 Abs. 1 Nr. 4 GewO berufen können. Der Weg über eine Rechtsverordnung ist ein zeitaufwendiger Prozeß. Er kann auf politischen Widerstand stoßen, und eine Rechtsverordnung ist nicht erzwingbar. Ergeht sie schließlich nicht, kann es zu einer Behinderung der Produktion kommen, auch wenn es keine technische Alternative gibt[114].
Allerdings sind es nach der Gegenmeinung gerade diese Umstände, die dafür sprechen, daß der Weg zu einer kontinuierlichen Produktion nur über § 105 d GewO, also über die Rechtsverordnung, führen sollte. Von der Entscheidung, die Sonntagsruhe aufzugeben, sind die Interessen der Arbeitnehmer betroffen, die gegenüber dem unternehmerischen Interesse an der kontinuierlichen Produktion abgewogen werden müßten. Die erforderliche sorgfältige Prüfung sei im Verfahren über die Rechtsverordnung eher gewährleistet als bei einer einseitigen unternehmerischen Entscheidung[115].

---

111 Wiederum vor allem BayObLG, AP Nr. 1 zu § 105 c GewO; OVG Münster, NZA 1986, S. 478 (480).
112 *Denecke-Neumann*, AZO, 10. Aufl. 1987, Rn. 1 zu § 105 c GewO; *Farthmann*, AR-Blattei, D-Blatt Arbeitszeit B III 2 b dd+2 c dd; *Herschel*, BB 1963, S. 816; *Kappus*. (N 99), S. 120 (123); *Landmann-Rohmer-Neumann*, GewO, Rn. 1, 32 zu § 105 c; *Stahlhacke*, GewO, Anm. II 7 b, 7 d zu § 105 c; *Wohlrabe*, (N 2), S. 54 (56); *Zmarzlik* (N 2), S. 257 (265).
113 *Zmarzlik* (N 2), S. 265; vgl. hierzu die Erlasse des Arbeits- und Sozialministers von NRW vom 26. April 1960, MBl. NW 1960, S. 675; MBl. 1980, S. 2079.
114 *Däubler* (N 12), S. 10.
115 *Ulber* (N 106), S. 249 (253); *Däubler* (N 12), S. 10.

3. Würdigung der Rechtslage unter verfassungsrechtlichen Gesichtspunkten

Das geltende Recht muß so ausgelegt werden, daß es mit dem Verfassungsrecht vereinbar ist. Art. 139 WRV verlangt nicht, daß Sonntagsarbeit überhaupt nicht stattfinden darf. Wohl aber müssen sich die Ausnahmen von dem grundsätzlichen Verbot der Sonntagsarbeit aus der besonderen Schutzbedürftigkeit der Rechtsgüter begründen lassen, die ohne die Möglichkeit von Sonntagsarbeit gefährdet würden. Eine solche Lage ist zunächst überall dort gegeben, wo die Bedürfnisse, die nur durch Sonntagsarbeit befriedigt werden können, unabweisbar, also lebensnotwendig sind. Neben den hiernach gerechtfertigten unverzichtbaren Dienstleistungen, die auch sonntags zur Verfügung stehen müssen, sind im Bereich der industriellen Produktion diejenigen Arbeiten verfassungsrechtlich unproblematisch, die aus technischen Gründen nicht unterbleiben können, ohne daß schwere Schäden eintreten. Dies rechtfertigt ohne weiteres die Zulässigkeit von Arbeiten in notstandsähnlichen Situationen (§§ 105 a, 105 f GewO), ebenso auch die verschiedenen in § 105 c GewO enthaltenen technikbezogenen Ausnahmeregelungen, die die Folgen der durch die Sonntagsruhe erzwungenen Produktionsunterbrechung auf ein vertretbares und auch dem Unternehmer zumutbares Maß zurückführen.

All dies ist im wesentlichen unstreitig, mögen auch über Einzelheiten, wie etwa über die Höhe der bei § 105 c Abs. 1 Nr. 4 GewO als Zumutbarkeitsgrenze anzusetzenden »Schrottquote« unterschiedliche Auffassungen bestehen[116]. Daß die gesetzliche Regelung die Voraussetzungen nur allgemein umschreibt, unter denen von dem Verbot der Sonntagsarbeit eine Ausnahme gemacht wird, führt nicht zu ihrer Verfassungswidrigkeit. Der Gesetzgeber kann zumal im Bereich der wirtschaftslenkenden Tätigkeit nicht ohne Generalklauseln auskommen. Sie dürfen abstrakt und unbestimmt formulieren, damit die Verwaltungsbehörden gerade in diesem Bereich in der Lage sind, den besonderen Umständen des Einzelfalles und den sich wandelnden wirtschaftlichen Verhältnissen gerecht zu werden[117].

Die Befugnis des Gesetzgebers, Generalklauseln und unbestimmte Rechtsbegriffe zu verwenden, ist allerdings nicht unbegrenzt. Das Rechtsstaatsprinzip (Art. 20 Abs. 3 GG) enthält auch die Verpflichtung des Gesetzge-

---

116 Vgl. hierzu z.B. *Loritz* (N 9), S. 124 ff.; *Richardi* (N 2), S. 86. Beide Autoren sind sich, von einem im übrigen gegensätzlichen Standpunkt aus, darüber einig, daß es sich bei der in der Behördenpraxis entwickelten 5%-Quote um eine »Verlegenheitslösung« handelt; so *Richardi* a.a.O. mit ausdrücklicher Zustimmung von *Loritz*, a.a.O. S. 126.
117 BVerfGE 8, 274 (326); 13, 153 (161); 31, 33 (42); 49, 89 (133); 49, 168 (181); 50, 256 (263); 50, 290 (378); 56, 1 (12).

bers, »die Vorschrift so zu fassen, daß sie den rechtsstaatlichen Grundsätzen der Normklarheit und der Justiziabilität entspricht. Sie muß in ihren Voraussetzungen und in ihrem Inhalt so formuliert sein, daß die von ihr Betroffenen die Rechtslage erkennen und ihr Verhalten danach einrichten können«[118]. »Eine ›vage Generalklausel‹, die es dem Ermessen der Exekutive überläßt, die Grenzen der Freiheit im einzelnen zu bestimmen, ist mit den Grundsätzen der Gesetzmäßigkeit der Verwaltung nicht vereinbar«[119].

Diese Grundsätze verpflichten nicht nur den Gesetzgeber, sondern sie binden auch die Rechtsanwendung und -auslegung durch Verwaltung und Gerichte. Die Bindung an die rechtsstaatlich begründeten Gebote der Bestimmtheit und Klarheit der Norm führt zur Notwendigkeit einer verfassungskonformen Auslegung, wenn über die Auslegung des Gesetzes unterschiedliche Meinungen vertretbar sind, also zu derjenigen Auslegung, die im Einklang mit dem Grundgesetz steht, dem erkennbaren Willen des Gesetzgebers nicht widerspricht und dem Gesetz bei dieser Auslegung einen Sinn beläßt[120].

Schon unter dem Gesichtspunkt der Rechtsstaatlichkeit ergeben sich Bedenken gegen die tatbestandliche Ausweitung, die § 105 c Abs. 1 Nr. 4 durch Rechtsprechung und Literatur erfahren hat. Dabei wird an dieser Stelle nicht erörtert, ob der Gesetzgeber die Ausnahmeregelungen zugunsten von Sonntagsarbeit aus wirtschaftlichen Gründen erweitern dürfte, ohne hierdurch Art. 139 WRV zu verletzen (hierzu vgl. unten C III 3). Auch wenn hiergegen verfassungsrechtliche Bedenken nicht zu erheben sind, ergibt sich daraus nicht die Zulässigkeit einer Auslegung des geltenden Rechts, die einem solchen rechtspolitisch diskutierten und verfassungsrechtlich umstrittenen Ziel bereits nahekommt, indem vor allem § 105 Abs. 1 Nr. 4 GewO in eine »verschwiegene Generalklausel«[121] zugunsten von Sonntagsarbeit umgedeutet wird. Enthielte die Norm eine so weitgehende Generalklausel, wie sie ihr die überwiegende Meinung in Literatur und Rechtsprechung unterstellt, so bestünden erhebliche verfassungsrechtliche Bedenken schon unter dem Gesichtspunkt der rechtsstaatlich gebotenen Normklarheit.

Verfassungskonform ist dagegen eine Auslegung des § 105 c Abs. 1 Nr. 4 GewO, die von unvorhergesehenen Ereignissen ausgeht, aus denen sich die

---

118 BVerfGE 21, 73 (79); 47, 239 (247); 52, 1 (41); 59, 104 (114); 63, 312 (323).
119 BVerfGE 8, 274 (325); 13, 153 (160 f.); 56, 1 (12).
120 Vg. BVerfGE 2, 266 (282) und st.Rspr.; in neuerer Zeit etwa BVerfGE 64, 229 (242); 66, 313 (319).
121 *Häberle* (N 11), S. 41.

im einzelnen beschriebenen Gefahren ergeben, sofern nicht auch am Sonntag gearbeitet wird. Das »Verhüten des Verderbens« oder das »Mißlingen von Arbeitserzeugnissen« sind Vorgänge, denen ein Element des Plötzlichen und Unvorhergesehenen innewohnt; jedenfalls überdehnt es jede vertretbare Interpretation, wenn unter diese Begriffe auch der Übergang zu einer vollkontinuierlichen Produktionsweise gebracht wird, die durch volle Auslastung der Maschinen eine wirtschaftlichere Produktion gestattet. Ergibt sich ein unabweisbares Bedürfnis für kontinuierliche Arbeit aus technischen Gründen, besonders im Falle der sonst unvermeidbaren Schäden an der Produktionsanlage, so steht für solche Fälle § 105 d GewO zur Verfügung. Von dieser Möglichkeit ist auch im Bereich der Stahlindustrie und der Papierindustrie Gebrauch gemacht worden. Der Umstand, daß ein Stahlofen nicht über das Wochenende abgestellt werden kann, ohne daß er zerstört wird, ist eine eindeutige Situation und damit viel eher bestimmbar als die Verschlechterung der wirtschaftlichen Verhältnisse eines Unternehmens, das auf die Werktage verwiesen wird. Hat der Bundesarbeitsminister auch in dem klaren Fall der Stahlindustrie und ebenso in der Papierindustrie eine Rechtsverordnung für erforderlich gehalten, so ist es nicht einleuchtend, daß andere technisch weniger eindeutige Situationen, in denen die Abwägung der entgegenstehenden Interessen viel schwieriger ist, auf dem Wege über § 105 c Abs. 1 Nr. 4 sollen erledigt werden können.

Daß Rechtsverordnungen - die nach § 105 d GewO der Zustimmung des Bundesrates bedürfen und dem Bundestag zur Kenntnis zu bringen sind - nicht innerhalb einer sehr kurzen Zeit zustande kommen, muß kein Nachteil sein. Dabei mag offenbleiben, ob das generelle Mißtrauen gegenüber der Fähigkeit des Verordnungsgebers, in dringlichen Fällen zu raschen Entscheidungen zu gelangen, wirklich gerechtfertigt wäre. Die relative Kompliziertheit des Verfahrens stellt sicher, daß die einander entgegenstehenden Interessen gewürdigt und abgewogen werden können. Dem Gesetzgeber bleibt eine Möglichkeit, sich darüber zu vergewissern, ob die Praxis der Exekutive seinem Willen entspricht. Es ist auch ein rechtsstaatlicher Grundsatz, daß wesentliche Entscheidungen nicht der Verwaltung überlassen bleiben, sondern vom Gesetzgeber oder jedenfalls - im Rahmen der vom Gesetzgeber erteilten, nach Art. 80 GG an strenge Voraussetzungen gebundenen Ermächtigung - durch den Verordnungsgeber getroffen werden (vgl. hierzu unten C III 2).

Auch die Materialien zur Reichsgewerbeordnung sprechen nicht für, sondern gegen eine großzügige Auslegung des § 105 c Abs. 1 Nr. 4 GewO. Der ursprüngliche Kommissionsentwurf wollte in dem dem heutigen § 105 Abs. 1 Nr. 4 GewO teilweise entsprechenden § 105 f des Entwurfs »Zur Verhütung des Verderbens von Rohstoffen oder des Mißlingens von Arbeitserzeugnissen . . . Ausnahmen . . . für zwei Wochen durch die Ortspolizeibehörde, für sechs Wochen durch die höhere Verwaltungsbehörde« zulassen[122]. Damals ging man davon aus, daß es sich jeweils nur um zeitlich eng begrenzte Ausnahmen handeln dürfe. Eine Zulassung der Sonntagsarbeit auf Dauer war nicht das Ziel der Regelung. Allerdings ist der Entwurf in dieser Form nicht Gesetz geworden. Doch ergeben auch die Ausführungen der Reichsregierung in der Begründung des späteren Regierungsentwurfs, daß die Ausnahmeregelung jeweils »nur geringe Zeit« beanspruchen dürfe[123].

Schließlich läßt sich auch aus dem Gesamtaufbau und der Systematik des einschlägigen Teils der Gewerbeordnung auf die Bedeutung des § 105 c Abs. 1 Nr. 4 GewO schließen. Vollkontinuierliche Arbeit ist nicht völlig ausgeschlossen. Sie wird im Wege der nach § 105 d GewO zu erlassenden Rechtsverordnung ermöglicht, wenn die dort angegebenen Voraussetzungen vorliegen. Die Weimarer Reichsverfassung hat den Normbestand, der die Frage der Sonntagsruhe regelt, vorgefunden und entschieden, daß der Sonntag gesetzlich geschützt bleibe, ohne daß damit jede einzelne gesetzliche Regelung festgeschrieben worden wäre. Die Aussage der Verfassung, die das Grundgesetz bestätigt hat, besagt aber grundsätzlich, daß es bei dem Schutz des Sonntages als Tag der Arbeitsruhe bleiben soll. Es entspricht dieser Zielsetzung, daß Ausnahmen nicht nur einer materiellen Rechtfertigung bedürfen, sondern auch durch das Verfahren legitimiert werden müssen, mit dem sie eingeführt werden. Je gravierender der Eingriff in das Prinzip der Sonntagsruhe ist, desto stärker sind die Anforderungen an das Verfahren, in dem die Erforderlichkeit einer Ausnahme festgestellt wird. Wenn die Zulassung einer vollkontinuierlichen Arbeit in Betracht kommt, die für ein einzelnes Unternehmen die Sonntagsruhe ganz außer Wirksamkeit setzt – wobei aus Gründen der Chancengleichheit im Wettbewerb, die verfassungsrechtlich durch Art. 3 Abs. 1 GG gefordert wird, die Entscheidung nach § 105 d Abs. 2 GewO sich auf alle Betriebe derselben Art erstrecken, also zwangsläufig über einen Einzelbetrieb hinauswirken muß –, liegt der in seiner Bedeutung und seinen Auswirkungen nachhaltigste Eingriff in die institutionelle Garantie vor. Man wird auch dem Gesetzgeber unterstellen dürfen, daß er sich bei seiner Regelung an die Grund-

---

122 Reichstag, Sten.Ber., 7.LP, II.Session 1887/88, Erster Anlageband, Aktenstück Nr. 162, S. 681 ff.
123 Sten.Ber., Verh. des Reichstages, 8. LP, I. Session 1890/91, Erster Anlageband, Aktenstück Nr. 4, S. 12 f.

sätze einer in sich konsequenten Stufenfolge der Regelungsintensität gehalten hat. Daher steht der nachhaltigste Eingriff in die institutionelle Garantie, der zugleich gegenüber einer zeitlich begrenzten Ausnahme der seltener vorkommende Fall sein wird, an letzter Stelle und wird durch ein besonderes Verfahren abgesichert, das gewährleistet, daß die für und gegen die Regelung sprechenden Gesichtspunkte sorgfältig geprüft werden. Überläßt man es dagegen mit der verbreiteten Auslegung des § 105 c Abs. 1 Nr. 4 GewO dem einzelnen Unternehmen, zunächst ohne jede Beteiligung einer Behörde in eigener Zuständigkeit über die Einführung kontinuierlicher Arbeit zu entscheiden, so wird das Regelungsziel des Art. 139 WRV nicht gefördert, sondern allein schon durch eine möglicherweise längere Periode der Unklarheit über die Rechtslage beeinträchtigt und gefährdet. Dabei entsteht das auch im Lichte der Berufsausübungsfreiheit nicht freiheitsfreundliche Risiko der Unsicherheit über die Rechtslage und über die Reaktion der Aufsichtsbehörden, die zu Strafverfahren und damit zu weiterer Rechtsunsicherheit führen kann.

Die Aufsichtsbehörden, die ebenso wie jede andere staatliche Stelle an Art. 139 WRV gebunden sind, stehen vor der Frage, ob sie sich der Meinung in der Literatur pragmatisch anpassen. Die Behördenpraxis wird wohl vor allem durch die Entscheidung des Bayerischen Obersten Landesgerichts beeinflußt, die auch bei denen, denen ihr Ergebnis entgegenkommt, keineswegs auf ungeteilten Beifall stößt[124], und zwar ebenfalls unter dem hier im Vordergrund stehenden Gesichtspunkt der Unklarheit der Abwägungskriterien.

Diese Entscheidung muß nicht das abschließende Wort zu den in beide Richtungen umstrittenen Fragen darstellen. Vieles spricht dafür, die heute bestehende Rechtsunklarheit und -unsicherheit durch eine gesetzgeberische Entscheidung zu beseitigen. Sie wird sich dabei allerdings über Art. 139 WRV nicht hinwegsetzen dürfen.

4. Ausnahmeregelungen durch die Verwaltung (§ 28 AZO)?

Eine ihrem Wortlaut nach sehr weitgehende Möglichkeit, Ausnahmen von den Arbeitsschutzvorschriften zuzulassen, zu denen nach allgemeiner Auffassung auch die Vorschriften der §§ 105 a ff. GewO hinsichtlich der Sonntagsarbeit gehören, ergibt sich aus § 28 AZO. Die der Verwaltung einge-

---

124 *Loritz* (N 9), S. 124 f.

räumte Befugnis wird lediglich insoweit begrenzt, als die Ausnahmeregelung »im öffentlichen Interesse dringend nötig« sein muß. Auch darf die Ausnahme nur widerruflich bewilligt werden. Gerade wegen der durch diese Kriterien nur recht unbestimmt umschriebenen Voraussetzungen bestehen jedoch hinsichtlich der weiteren Geltung der Vorschrift verfassungsrechtliche Bedenken.

Die Bestimmung ist ein Teil der durch Gesetz vom 30. Aril 1938 erlassenen Arbeitszeitordnung[125]. Sie ist hinsichtlich einer Reihe von Schutzvorschriften durch mehrere Verordnungen vor dem oder während des Zweiten Weltkrieges außer Kraft gesetzt, nach Ende des Krieges jedoch wieder angewendet worden. Ihre Fortgeltung wurde zunächst durch eine Kontrollrats-Direktive von 1946[126], später durch Gesetz von 1952[127] ausdrücklich bestätigt. Auch das Bundesverfassungsgericht hat keine Zweifel an der Fortgeltung der AZO geäußert[128], sondern sie unter Bezugnahme auf Art. 123 Abs. 1 GG als im Range eines förmlichen Gesetzes fortgeltende Regelung angesehen.

Umstritten ist, ob dies auch für die Ermächtigungsnorm des § 28 AZO gilt. Hierzu wird zunächst auf die Entstehungsgeschichte dieser Bestimmung hingewiesen, die dafür spricht, daß es sich um eine von der nationalsozialistischen Staatsführung zur Durchführung von Maßnahmen der Kriegsvorbereitung eingeführte Regelung gehandelt hat. Es bedarf keiner Darlegung, daß solche Motive, die möglicherweise in der Zeit nach 1938 das dringende öffentliche Interesse an der Befreiung von Arbeitsschutzvorschriften begründen sollten, heute keine Rolle spielen dürfen. Andererseits richtet sich die Fortgeltung des Rechts aus der Zeit vor dem Grundgesetz, einschließlich des in der Zeit des Nationalsozialismus entstandenen Rechts, nur danach, ob es dem Grundgesetz widerspricht (Art. 123 Abs. 1 GG), nicht aber nach den Motiven seiner Urheber oder den früheren, mit heutigen Vorstellungen nicht zu vereinbarenden Anwendungen. Auch aus Art. 129 Abs. 3 GG läßt sich nicht ableiten, daß § 28 AZO nichtig ist, weil er zwar in der NS-Zeit faktisch den Reichsarbeitsminister an die Stelle des Gesetzgebers gesetzt haben mag, eine solche Ermächtigung zum Erlaß gesetzesvertretender Verordnungen aber der Bestimmung heute nicht zweifelsfrei zu entneh-

---

125 RGBl. I S. 447.
126 Direktive des Kontrollrats Nr. 26 betr. Regelung der Arbeitszeit vom 26. Januar 1946 (ABlKR 1946 S. 115).
127 Gesetz über die Aufhebung von Vorschriften auf dem Gebiete des Arbeitsschutzes vom 21.3.1952., BGBl. I S. 146; zur Frage der Fortgeltung der AZO *Zmarzlik*, Erl. zur AZO, in: Das neue deutsche Bundesrecht, V B 49, Einführung S. 11.
128 BVerfGE 22, 1 (12 f.).

men ist[129]. Die Frage kann letzlich offenbleiben; enthielte § 28 AZO eine Ermächtigung an die Exekutive, sich auch über entgegenstehendes Gesetzesrecht hinwegzusetzen, wäre sie schon nach Art. 129 GG insoweit erloschen und daher heute nicht mehr geltendes Recht.

Von praktischer Bedeutung ist heute allein die Frage, ob sich aus § 28 AZO die Befugnis der Exekutive ergibt, Ausnahmeregelungen hinsichtlich der Arbeitszeit zu erlassen, die durch die Vorschriften der §§ 105 a GewO nicht gedeckt sind. Dies könnte nur durch Verwaltungsakt geschehen; insoweit ist die Zuständigkeit auf die Arbeitsminister der Länder übergegangen (Art. 129 Abs. 1 GG)[130].

Auch hinsichtlich dieser - ohnehin inhaltlich nur noch beschränkten - Befugnis bestehen Bedenken aus dem Rechtsstaatsprinzip. Sie knüpfen daran an, daß eine Generalklausel, wie sie § 28 AZO in dem weitesten denkbaren Umfang enthält, zwar nicht stets unzulässig ist (vgl. hierzu oben - in anderem Zusammenhang - oben bei C II 3), andererseits aber nach der Rechtsprechung des Bundesverfassungsgerichts jedenfalls ein Mindestmaß an Bestimmtheit verlangt werden muß, weil anders der betroffene Bürger nicht beurteilen kann, ob und in welcher Weise und mit welchen Auswirkungen die Norm aktuell wird. Die Ermächtigung des § 28 AZO genügt dieser Anforderung nicht:

Zunächst wird verlangt, daß die Behörde (nur) solche Ausnahmen zuläßt, die im »öffentlichen Interesse« liegen. Es ist stets die Aufgabe der Staates, dem Allgemeinwohl zu dienen, dieses zu wahren und zu fördern. Besteht an dem Tätigwerden einer Behörde kein öffentliches Interesse, so fehlt hierfür von vornherein jede Berechtigung. Durch Art. 139 WRV ist mit Verfassungskraft festgelegt, daß grundsätzlich nicht die Sonntagsarbeit, sondern die Arbeitsruhe an diesem Tag dem Gemeinwohl dient. Allerdings können, wie oben dargelegt (vgl. bei C I 5) andere Rechtsgüter den Schutz des Staates beanspruchen und auch gegenüber dem Gebot der Sonntagsruhe vorrangig sein. Bei der bewertenden und abwägenden Entscheidung kann, wie später noch zu erörtern sein wird (unten C III 3 a), auch das schutzwürdige

---

129 *Loritz* (N 9), S. 140 f. gegen *Richardi* (N 2), S. 90 f. (im Anschluß an *Sitzler* und *Herschel*).
130 Entnimmt man dem § 28 AZO eine Ermächtigung zum Erlaß von Rechtsverordnungen, so ist diese Ermächtigung nach Art. 129 Abs. 3 GG erloschen; so *Richardi* (N 2), S. 89; im übrigen kann sich eine auf die allgemeine Norm der AZO gestützte Rechtsverordnung nicht über die spezielle Regelung der Gewerbordnung hinwegsetzen (*Richardi* S. 89 f.); anders *Loritz*, a.a.O. S. 141 ff., der aber insoweit aus § 28 AZO keine Befugnis ableitet, Ausnahmen gegen die §§ 105 a GewO zuzulassen, weil das hierfür erforderliche dringende öffentliche Interesse fehle, da es durch die GewO gerade nicht anerkannt sei.

private Interesse nicht stets und nicht von vornherein außerhalb der Betrachtung bleiben; vielmehr kann auch seine Förderung im öffentlichen Interesse liegen. Es ist aber nicht die Aufgabe der Exekutive, diese Entscheidung vorzunehmen. Was dem Gemeinwohl dient, muß der Gesetzgeber entscheiden. Er darf diese Entscheidung nicht der Exekutive überlassen[131]. Damit scheidet die durch § 28 AZO der Exekutive übertragene Prüfung als Abgrenzungskriterium aus, ob eine Ausnahme vom Verbot der Sonntagsarbeit im öffentlichen Interesse liegt.

Soweit es sich um die weitere Voraussetzung handelt, daß die Ausnahme »dringend nötig ist«, fehlen jegliche weiteren Kriterien, die geeignet wären, dieses Erfordernis zu konkretisieren. Wenn es um die Frage geht, ob Ausnahmen vom Verbot der Sonntagsarbeit zu erwägen sind, gilt zunächst und vor allem Art. 139 WRV, der verbindlich das Allgemeinwohl dahin definiert, daß nicht die Arbeit, sondern die Arbeitsruhe an Sonntagen im öffentlichen Interesse liegt. Soweit es Gründe gibt, die ausnahmsweise zu einer anderen Beurteilung führen, hat sie der Gesetzgeber in den §§ 105 a GewO aufgeführt und – bei allen Meinungsverschiedenheiten im einzelnen – jedenfalls mit einer weitaus größeren Präzision umschrieben, als dies eine Generalklausel wie die des § 28 AZO überhaupt könnte. Es wäre mit der durch Art. 139 WRV dem *Gesetzgeber* übertragenen und von diesem auch wahrgenommenen Verantwortung dafür, wie im Konfliktsfalle das Allgemeininteresse zu bewerten ist, unvereinbar, wenn es der Exekutive erlaubt wäre, sich auch nur im Einzelfalle durch Verwaltungsakt über die gesetzgeberische Entscheidung hinwegzusetzen.

Hinzu kommt, daß die Zuständigkeit für eine Ausnahme nach § 28 AZO heute bei der Landesbehörde liegt, während die gesetzgeberischen Entscheidungen aufgrund der konkurrierenden Zuständigkeit durch den Bundesgesetzgeber getroffen worden sind. Dies ist verfassungsrechtlich auch durch das Bedürfnis nach einer Wahrung der Einheitlichkeit der Lebensverhältnisse gerechtfertigt (Art. 72 Abs. 2 Nr. 3 GG). Dürften Ausnahmeregelungen etwa auch von solchem Gewicht getroffen werden, wie es die in § 105 d GewO geschaffene Regelung unter den dortigen Voraussetzungen erlaubt, so würde insbesondere hier, aber auch bei weniger weitgehenden Entscheidungen, die Notwendigkeit einer bundeseinheitlichen Regelung gleichgelagerter Fälle gefährdet. Es könnte nicht davon ausgegangen werden, daß angesichts der unterschiedlichen politischen Auffassungen in einer umstrittenen Frage die Länder eine einheitliche Ausnahmepraxis ent-

---

131 Vgl. BVerfGE 56, 249 (261 f.); 74, 264 (285 f.), unten bei C III 3 a.

wickeln würden. Damit würde der Grundgedanke auch der Wahrung der Wettbewerbsgleichheit, der sich im Falle des § 105 d GewO aus dessen Abs. 2 ergibt, gefährdet[132]. Neben allgemein rechtsstaatlichen Erwägungen sprechen daher auch die Gesichtspunkte, die für die Notwendigkeit einer bundeseinheitlichen Praxis bestehen, gegen das Fortgelten des § 28 AZO, jedenfalls soweit es sich um die Möglichkeit von Ausnahmegenehmigungen im Bereich der industriellen Sonntagsarbeit handelt. Ob im übrigen § 28 AZO noch einen Restinhalt hat, der weiterer Anwendung in anderen Bereichen zugänglich ist, bedarf hier keiner weiteren Erörterung.

Allenfalls ließe sich an notstandsähnliche Situationen denken, in denen ein unvorhersehbares und unabweisbares Bedürfnis für eine Übergangsregelung entsteht, ohne die schwere Gefahren für das Allgemeinwohl nicht abgewendet werden können. Dies wäre eine Gefahrenlage, die der des § 34 StGB vergleichbar ist. Für alle vorstellbaren Fälle dieser Art treffen jedoch bereits die Notstandsklauseln der Gewerbeordnung Regelungen, vor allem § 105c Abs. 1 Nr. 1 GewO. Es ist kaum denkbar, daß daneben außergewöhnliche Situationen entstehen können, die nicht mit den Instrumenten der §§ 105 a ff. GewO gelöst werden könnten. Jedenfalls fallen wirtschaftliche Gefahrenlagen eines Unternehmens nicht darunter, das etwa durch eine plötzlich auftretende Konkurrenz eines ausländischen Wettbewerbers in Schwierigkeiten gerät.

Geschieht dies, so ist es hier wie allgemein eine verengte Betrachtungsweise, die Ursache für diese Schwierigkeiten und das Mittel zu ihrer Lösung vor allem in dem Problem der Sonntagsarbeit zu suchen. Auch über die hier erörterte Frage hinaus ist eine solche verengte Betrachtungsweise verfehlt. Die Wettbewerbschancen eines Unternehmens hängen von zahlreichen Bedingungen ab, die teils vom Staat bestimmt werden (wie etwa die Höhe der steuerlichen Belastung, die Entscheidung über dem Unternehmen auferlegte Soziallasten oder allgemeiner die durch die Wirtschafts-und Finanzpolitik bestimmten Rahmenbedingungen, die darüber entscheiden, ob der »Standort Bundesrepublik« im Vergleich zu anderen Industrieländern günstige Voraussetzungen für wirtschaftliche Tätigkeit bietet, teils sich aus den gesellschaftlichen Gegebenheiten ergeben, zu denen etwa die Mobilität oder die Anhänglichkeit der Arbeitnehmer an »ihr« Unternehmen, der Stand der beruflichen Bildung und vieles andere mehr gehören.

Entstehen Schwierigkeiten, so verengt es die Blickweise, wenn man annehmen wollte, daß die Zulassung von Sonntagsarbeit die einzige oder die stets

---

132 Vgl. *Hesse* (N 38), S. 19 ff., der die Befugnis des Bundesgesetzgebers nach Art. 72 Abs. 2 GG vorrangig auf dessen Nr. 3 stützt.

richtige Antwort hierauf wäre. Entspricht es dem öffentlichen Interesse, wirtschaftlichen Schwierigkeiten eines Unternehmens oder einer Branche zu begegnen, so stehen zahlreiche Möglichkeiten zur Verfügung. Welche von ihnen genutzt werden sollen, ist eine politische Entscheidung von großem Gewicht. Sie obliegt in erster Linie dem Parlament, nicht der Exekutive, soweit nicht das geltende Recht solche Instrumente bereitstellt.

Das dargestellte Ergebnis wird, wenn auch mit unterschiedlichen Begründungen, jedenfalls überwiegend geteilt[133]. Dem folgt *Loritz* insoweit, als (durch Rechtsverordnung) nach § 28 AZO nicht dort eine Ausnahmeregelung getroffen werden könne, wo der Gesetzgeber gerade zum Ausdruck gebracht habe, daß eine solche Regelung nicht in Betracht komme. Insoweit kann auch nach dieser Auffassung § 28 AZO nicht gegenüber den Vorschriften der §§ 105 a GewO ins Feld geführt werden. Anders beurteilt er jedoch die Lage, wenn »wie bei modernen wirtschaftlichen Entwicklungen, die der Gesetzgeber nicht kennen konnte, keine sachgerechte Regelung in der Gewerbeordnung enthalten ist, wie etwa für moderne kapitalintensive Produktionsverfahren, die ohne durchgehende Maschinenlaufzeiten nicht mehr rentabel arbeiten«[134]. In diesen Fällen finde § 28 AZO weiter Anwendung. Außerdem könne auf der gleichen Rechtsgrundlage durch Verwaltungsakt eine Ausnahmeregelung getroffen werden, wenn etwa eine unvorhergesehene Dumping-Situation durch das Verhalten eines ausländischen Konkurrenten entstehe, die ohne sofortige Einführung von Sonntagsarbeit die Arbeitsplätze des deutschen Unternehmens ernsthaft bedrohe[135].

Aber auch in diesen Fällen, die in der rechtspolitischen Diskussion um die künftige Ausgestaltung der bisher in der Gewerbeordnung geregelten Materie eine Rolle spielen, kann nicht davon ausgegangen werden, daß das geltende Recht der §§ 105 a ff. GewO Lücken aufweist. Dem Gesetzgeber des ausgehenden 19. Jahrhunderts waren gewiß die technischen Voraussetzungen einer vollkontinuierlichen Produktion in der heutigen Form nicht bekannt, und er mag auch weniger Anlaß gesehen haben, sich mit Fragen des internationalen Wettbewerbs auseinanderzusetzen, als dies heute der Fall ist. Ganz eindeutig ist aber die sich aus § 105 b GewO ergebende Entscheidung, daß der Sonntag arbeitsfrei zu sein hat, soweit nicht die nachfolgenden Bestimmungen Ausnahmen zulassen. Daher kann nur diskutiert werden, ob künftig dieser Rechtszustand geändert werden sollte und wieweit

---

133 Vgl. insbesondere *Richardi* (N 2), m.w.N.
134 *Loritz* (N 9), S. 143 f.
135 *Loritz* (N 9), S. 144.

dies im Lichte des Art. 139 WRV zulässig wäre. Jede Ausnahmeregelung, die eine Behörde bewilligt, obwohl sie im Gesetz nicht vorgesehen ist, bedeutet, daß nicht der Wille des Gesetzgebers, sondern die Entscheidung der Exekutive maßgeblich ist. Dem steht neben den oben erörterten grundsätzlichen Bedenken schon der Umstand entgegen, daß die §§ 105 a ff. GewO gegenüber § 28 AZO die speziellere Regelung darstellen.

Zu erwähnen bleibt, daß nach dem Entwurf der Bundesregierung für ein Arbeitszeitgesetz, das auch die Fragen der Arbeitsruhe an Sonn- und Feiertagen regeln soll[136], der Inhalt des bisherigen § 28 AZO mit nur redaktionellen Änderungen übernommen werden soll (§ 14 Abs. 3 des Entwurfs). Würde dieser Entwurf Gesetz werden, so würde zwar das Bedenken entfallen, das sich für die heutige Rechtslage daraus ergibt, daß bei einer Ausnahme nach § 28 AZO der Wille des Gesetzgebers überspielt würde, wie er sich aus den §§ 105 a ff. GewO ergibt. Denn künftig hätte der Gesetzgeber zum Ausdruck gebracht, daß im Einzelfall - wiederum durch Entscheidung der Landesbehörde - von der generellen Regelung Ausnahmen bewilligt werden können. Im übrigen bestehen aber die dargestellten Bedenken vor allem hinsichtlich der nicht hinreichenden, rechtsstaatlich erforderlichen Bestimmtheit auch gegenüber dem Vorschlag der Bundesregierung, zumal bei nahezu unveränderter Übernahme des § 28 AZO auch die vielfach erörterten Streitfragen weiterhin ungeklärt blieben.

III. Möglichkeiten und Grenzen künftiger gesetzlicher Regelung der Sonntagsarbeit

1. Zusammenfassung der bisherigen Ergebnisse und Darstellung der verfassungsrechtlichen Ausgangslage

Der Sonntag steht unter dem Schutz der Verfassung. Er wird geschützt, weil hierdurch individuelle Grundrechte (vor allem die Ausübung der Glaubensfreiheit, Art 4 Abs. 2 GG, und der Schutz von Ehe und Familie, Art. 6 Abs. 1 GG) gefördert werden, aber auch, weil es sich bei ihm um eine (im weitesten Sinne) soziale Einrichtung handelt[137], die dem Gemeinwohl dient. Der

---

136 Entwurf eines Arbeitszeitgesetzes, BT-Drucks. Nr. 11/360 vom 25. Mai 1987; vgl. insbesondere §§ 13, 14 und die Begründung a.a.O. S. 22 f.
137 So etwa OVG Münster, NZA 1986, S. 478 (479).

institutionelle Schutz des Sonntags wird durch Art. 139 WRV als ein Grundelement des sozialen Zusammenlebens und der staatlichen Ordnung angesehen[138]. Die Wertentscheidung, die das Grundgesetz mit der Übernahme des Art. 139 WRV getroffen hat, legt fest, daß die Sonntagsruhe dem Gemeinwohl dient. Hieraus ergibt sich zugleich, daß ihr Schutz vernünftigen Erwägungen des allgemeinen Wohls entspricht und damit gesetzliche Regelungen, die die Arbeitsruhe am Sonntag sichern, keiner zusätzlichen Rechtfertigung im Hinblick auf das Grundrecht des Unternehmers bedürfen, der hierdurch in der Ausübung seines Berufes und damit in dem durch Art. 12 Abs. 1 GG geschützten Bereich beschränkt wird.

Die Entscheidung, die in Art. 140 GG getroffen ist, unterliegt keiner Ewigkeitsgarantie. Von ihr könnte aber nur durch eine Änderung des Grundgesetzes abgewichen werden. Veränderungen der gesellschaftlichen Auffassungen, die sich von dem religiösen Ursprung der Sonntagsruhe entfernen und den Sonntag heute eher als einen Teil der Freizeit betrachten, die der Entspannung und der Pflege sozialer Kontakte dient, bewirken für sich allein keine Minderung oder Veränderung des verfassungsrechtlichen Schutzes. Ebensowenig können technische Veränderungen oder wirtschaftliche Gegebenheiten, die aus unternehmerischer Sicht die mit dem grundsätzlichen Verbot der Sonntagsarbeit verbundene Einschränkung der Gewinn- und Wettbewerbschancen als eine nicht mehr vertretbare Belastung ansehen mögen, die grundsätzliche Entscheidung der Verfassung aufheben oder in ihrem Inhalt verändern. Das gilt nicht nur für den Umfang der Gestaltungsbefugnisse des Gesetzgebers und für deren Grenzen, sondern auch für das Gebot einer verfassungskonformen Auslegung und Anwendung des geltenden Rechts. Es ist daher verfassungsrechtlich bedenklich, wenn die nach den §§ 105 a ff. GewO geltenden Ausnahmen vom Verbot der Sonntagsarbeit in einer Weise interpretiert werden, die mit ihrem Wortlaut und erkennbaren Sinn nicht mehr zu vereinbaren ist. Dies gilt vor allem für die Regelung des § 105 a Abs. 1 Nr. 4 GewO, der in Gefahr ist, als Generalklausel für die wirtschaftlichen Nachteile verstanden zu werden, die mit dem Verbot einer kontinuierlichen Arbeit verbunden sind.

Andererseits ist der Gesetzgeber durch Art. 139 WRV nicht gezwungen, die vielfältigen Veränderungen der Technik und der internationalen Wettbewerbslage unberücksichtigt zu lassen, die sich seit dem Entstehen der ursprünglichen gesetzlichen Regelungen entwickelt haben. Das Gesamtbild dieser Regelung lag auch der Entscheidung der Weimarer Reichsverfassung

---

138 BVerwG, NJW 1988, S. 2252 (2253).

von 1919 zugrunde, und sie hat sich grundsätzlich dafür entschieden, daß es bei diesem Schutzumfang bleiben soll. Auch das Grundgesetz hat diese Entscheidung bestätigt. Hieraus ergibt sich aber nicht eine verfassungsrechtliche Festschreibung des gesetzlich vor mehr als hundert Jahren geregelten status quo. Der Gesetzgeber hat das Recht, die Regelungen über den Sonntagsschutz so zu gestalten, daß sie den sich wandelnden technischen und wirtschaftlichen Gegebenheiten Rechnung tragen. Dabei bleibt aber die Zielsetzung des Sonntagsschutzes unverändert. Die Gestaltungsfreiheit des Gesetzgebers, die ihm Art. 139 WRV einräumt, ist nicht als die Befugnis zu beliebiger Ausgestaltung zu verstehen, und sie ist nicht auf einen »Kernbereich« des Sonntagsschutzes beschränkt, sondern sie soll auch unter den veränderten Umständen für einen wirksamen Schutz des Sonntags Sorge tragen.

Ausnahmen von dem grundsätzlichen Gebot der Sonntagsruhe bedürfen einer besonderen Rechtfertigung. Sie liegt zunächst dann vor, wenn bei einem Verbot der Sonntagsarbeits Gefahren oder schwere Nachteile für das Gemeinwohl oder für schutzwürdige Interessen Einzelner zu befürchten wären. Solche erheblichen Gefahren liegen vor, wenn durch das Ausbleiben von Hilfsmöglichkeiten am Sonntag das Leben oder die Gesundheit oder andere Rechtsgüter beeinträchtigt würden, zu deren Schutz der Staat verfassungsrechtlich verpflichtet ist und die im Vergleich zu dem Gemeinwohlgut des Sonntagsschutzes höherwertig sind. Daher sind alle lebensnotwendigen Dienst- und Versorgungsleistungen zu gestatten, auf die auch an Sonntagen nicht verzichtet werden kann. In gleicher Weise darf der Gesetzgeber diejenigen Arbeiten und vor allem Dienstleistungen zulassen, die nach langer Tradition und allgemeiner Auffassung gerade an Sonntagen erwartet werden, sofern entsprechende Bedürfnisse nicht an den vorangegangenen Werktagen ausreichend befriedigt werden können. Ob damit der Gesamtbestand der heute bestehenden »Freizeitindustrie« gerechtfertigt ist, kann offen bleiben. Regelungen, die Ausuferungen vorbeugen, wären wahrscheinlich in gewissem Umfange zulässig. Sie wären aber kein Ersatz für das Festhalten am Prinzip der Arbeitsruhe, das Art. 139 WRV vornehmlich beabsichtigt; etwaige großzügige Regelungen im Bereich der Arbeitswelt der produzierenden Industrie könnten hierdurch nicht kompensiert werden.

Im Mittelpunkt der gegenwärtigen Diskussion stehen Fragen der industriellen Produktion. In diesem Bereich will das heute geltende Recht sicherstellen, daß notstandsähnlichen Situationen und außergewöhnlichen Lagen begegnet werden kann, die bei einem Festhalten an dem Verbot der Sonntagsarbeit dem betroffenen Unternehmer über die mit der Beschränkung der Arbeitszeit auf die Werktage hinaus ein unzumutbares Sonderopfer abverlangen würden, ihn also in besonderer und atypischer Weise belasten würden. Dieser Ansatzpunkt, der vor allem von technisch vermittelten Belastungen außergewöhnlicher Art ausgeht, ist verfassungsrechtlich nicht zu beanstanden. Er kann auch geändert oder erweitert werden, wenn neue technische Gegebenheiten dies nahelegen.

Für alle weitergehenden Regelungen ist Zurückhaltung geboten. Nicht jeder Nachteil, der mit dem Gebot der Sonntagsruhe verbunden ist, kann eine Ausnahme rechtfertigen, da solche Nachteile vor allem wirtschaftlicher Art zwangsläufig sind und nicht durch Ausnahmeregelungen ausgeglichen werden könnten, ohne daß damit notwendigerweise die vollständige Aufhebung des Sonntagsschutzes verbunden wäre. Jeder Versuch, die Grenze zwischen noch und nicht mehr zulässigen Ausnahmeregelungen zu bestimmen, stößt auf die Schwierigkeit, daß der Sonntagsschutz in Kenntnis des Umstandes angeordnet ist, daß dies seinen wirtschaftlichen Preis hat[139]. Es ist möglich, daß der Preis, der dem einzelnen Unternehmer zugemutet wird, berechenbar ist. Sicher ist dies aber schon deshalb nicht, weil – wie schon an anderer Stelle erörtert – sich die Wettbewerbslage eines Unternehmens am Markt stets auf das Zusammenwirken zahlreicher Faktoren zurückführen läßt und auch ein Ausgleich von Nachteilen, wenn er geboten erscheint, nicht nur durch Ausnahmen vom Verbot der Sonntagsarbeit, sondern auch durch andere Maßnahmen in ebenso wirksamer und möglicherweise besserer Weise herbeigeführt werden könnte. Jedenfalls läßt sich der Zuwachs an Gemeinwohlgütern, der durch die Sonntagsruhe bewirkt wird, nicht berechnen und daher auch nicht den damit verbundenen Nachteilen gegenüberstellen.

Ausgangspunkt für alle Versuche, die Ausnahmeregelungen den heutigen Gegebenheiten anzupassen und zugleich am dem Gebot der Sonntagsruhe festzuhalten, kann daher nur die Besonderheit des Einzelfalles oder einer Gruppe gleichgelagerter Einzelfälle sein, die sich von dem allgemeinen Bild abheben. Die in diesen Fällen entstehenden Nachteile müssen also über das Maß dessen hinausgehen, was durch Art. 139 WRV allen Unternehmen in prinzipiell gleicher Weise auferlegt ist. Dies ist auch um der Wahrung der Rechtsgleichheit willen erforderlich, wie § 105 d Abs. 2 GewO an einem wichtigen Beispiel zeigt.

Nur mit diesen einschränkenden Vorbehalten läßt sich sagen, daß die verfassungsrechtliche Regelung einer weiteren Ausgestaltung des Rechts durch den Gesetzgeber nicht entgegensteht und daß das heute geltende Recht der Gewerbeordnung nicht die äußerste Grenze einer zulässigen Re-

---

[139] *Häberle* (N 11), S. 41.

gelung darstellt[140]. Gewiß läßt sich schon aus dem Umstand, daß in Art. 139 WRV die Regelung dem Gesetzgeber übertragen worden ist, entnehmen, daß Ausnahmen zulässig sein sollen, weil es sonst einfacher gewesen wäre, das allgemeine Verbot in der Verfassung selbst auszusprechen[141]. Andererseits spricht die Formulierung des Art. 139 WRV, die sich auf den damals bestehenden Bestand des Gesetzesrechts bezieht und zum Ausdruck bringt, daß es bei dem gesetzlichen Schutz »bleiben« solle, für die Annahme, daß an den grundsätzlichen Maßstäben hinsichtlich des Verhältnisses von Regel und Ausnahme, wie sie sich aus der Verfassung einerseits und dem Gesetzesrecht andererseits ergeben, festgehalten werden soll[142]. Damit ist der heutige Gesetzgeber nicht an den Inhalt der Gewerbeordnung von 1891 gebunden, wohl aber an die Grundgedanken der Regelung und vor allem an die Maßstäbe für Ausnahmen, wobei die inzwischen eingetretenen technischen Veränderungen in die gesetzgeberischen Erwägungen einbezogen werden dürfen.

Indem verlangt wird, daß eine gesetzliche Ausnahmeregelung Gründe erfordert, die sie im Licht des Art. 139 WRV nach den skizzierten Maßstäben rechtfertigen, wird ausgesprochen, daß die Ausnahme den Geboten der Verhältnismäßigkeit und vor allem der Erforderlichkeit entsprechen muß[143]. Hieraus ergibt sich aber auch die Befugnis des Gesetzgebers, die hierfür notwendigen bewertenden Entscheidungen zu treffen. Sie sind solange und insoweit zu respektieren, als sie nicht der in Art. 139 WRV getroffenen Wertentscheidung offensichtlich widersprechen. In ähnlicher Weise obliegt es dem Gesetzgeber, eigenverantwortlich darüber zu entscheiden, welches die überragend wichtigen Gemeinschaftsgüter sind, die bei Art. 12 Abs. 1 GG sogar den gewichtigen Eingriff in die Freiheit der Berufswahl rechtfertigen. Das Bundesverfassungsgericht wird dieser Entscheidung erst dann entgegentreten, wenn sie offensichtlich fehlsam ist[144].

Insgesamt gilt hiernach der Grundsatz der Sonntagsruhe nicht in einer rigorosen Weise, obwohl es verfassungsrechtlich geboten bleibt, an dem Grundsatz festzuhalten. Art und Umfang und Intensität des Sonntagsschutzes und seine nähere inhaltliche Ausgestaltung unterliegen dem gesetzgeberischen Ermessen[145]. Der Gesetzgeber hat die Befugnis und die Aufgabe, die einan-

---

140 *Maunz* (N 46), Rn. 2, 4 zu Art. 140 GG; *Zmarzlik* (N 2), S. 257 (259); *Richardi* (N 2), S. 44.
141 *Hesse* (N 38), S. 41.
142 *Hesse* (N 38), S. 43.
143 *Hesse* (N 38), S. 44 ff.
144 Hierzu ausführlicher *Hesse* (N 38), S. 47 f.; *Scholz*, in: *Maunz-Dürig-Herzog*, GG, Rn. 319 zu Art. 12 GG. Aus der Rechtsprechung des BVerfG vgl. BVerfGE 13, 97 (107).
145 BVerwG, NJW 1988, 2252 (2253).

der entgegenstehenden Interessen abzuwägen und dabei den technischen und wirtschaftlichen Wandel zu berücksichtigen; doch bleibt er an die Grundentscheidung gebunden, daß die aus der Sicht des Gemeinwohls durch die Sonntagsruhe entstehenden Vorteile den damit normalerweise verbundenen unternehmerischen Nachteilen gleichwertig sind. Soweit diese verfassungsrechtlich vorweggenommene Wertung nicht vernachlässigt wird, gilt für den Gesetzgeber, wie auch sonst auf dem Gebiet der Arbeitsmarkt-, Sozial- und Wirtschaftsordnung, der Grundsatz der Gestaltungsfreiheit und des ihm zustehenden Einschätzungs- und Prognosespielraums[146]. Aber der gesetzgeberischen Gestaltungsfreiheit entspricht die Verantwortung gegenüber der in Art. 139 WRV enthaltenen Wertentscheidung. Sie legt die gemeinwohlbezogenen Wertungen fest, die etwa in Art. 12 Abs. 1 GG dem Gesetzgeber überlassen werden, soweit dieser keine offensichtlich fehlsame Entscheidung trifft. Insofern läßt sich die gesetzgeberische Gestaltungsbefugnis nach Art. 139 WRV nicht mit den allgemeinen Gesetzesvorbehalten vergleichen, wie sie in Art. 12 Abs. 1 GG oder in anderen Grundrechten enthalten sind[147].

Der Sonntagsschutz hat nicht das Ziel, den technischen Fortschritt zu verhindern, zumal dieser auch mit Verbesserungen der Arbeitsbedingungen und der Lage der Arbeitnehmer verbunden ist. Fortschreitende Technisierung kann auch Verkürzung der Arbeitszeit insgesamt, Steigerung der Produktion, Befreiung von schwerer körperlicher Arbeit durch Automation und andere sozialpolitisch erwünschte Fortschritte bewirken. Andererseits gibt es nicht von vornherein einen Vorrang des technischen Fortschritts gegenüber dem Gebot des Sonntagsschutzes. Der Sonntagsschutz hat nicht nur eine sozialpolitische, sondern auch eine ganz andere Dimension. Sie wird durch die Bezugnahme auf die Möglichkeit zur »seelischen Erhebung« nur umschrieben. Damit wird darauf hingewiesen, daß es kulturelle und religiöse Werte gibt, die sich nicht messen lassen, aber für die Allgemeinheit und den Einzelnen von Bedeutung sind.

Schon damit diese Werte erhalten bleiben, wird der Gesetzgeber seine Prüfung nicht auf die Frage beschränken dürfen, ob durch die Freigabe des Sonntags zur Arbeit Vorteile im Wettbewerb entstehen, die auch für die Arbeitnehmer günstige Auswirkungen haben. Er muß auch Alternativen prüfen, mit denen möglicherweise das gleiche Ziel erreicht werden kann, ohne den Sonntagsschutz zu beeinträchtigen. Dieser Gedanke ist nicht neu, son-

---

146 Hierzu z.B. BVerfGE 25, 1 (17 ff.); 37, 1 (21); 50, 290 (332 ff.); 51, 193 (208).
147 *Hesse* (N 38), S. 42.

dern findet sich schon im heute geltenden Recht. Aus technischen Gründen notwendige Arbeiten wie Reinigungs- und Reparaturmaßnahmen dürfen notfalls auch an Sonntagen vorgenommen werden, aber nur dann, wenn ihre Vornahme nicht an Werktagen möglich ist (§ 105 c Abs. 1 Nr. 3 GewO). Nur unter der gleichen einschränkenden Voraussetzung ist Sonntagsarbeit zur Vermeidung von Ausschußproduktion zulässig (§ 105 c Abs. 1 Nr. 4 GewO), wenn auch die Praxis die Anforderungen an den Nachweis, daß die Arbeiten nicht an Werktagen vorgenommen werden können, erheblich gelockert hat. In ähnlicher Weise kann auch vom Gesetzgeber erwartet werden, daß er es sich nicht zu leicht machen darf, sondern prüfen muß, ob es Alternativen gibt, die auch ohne Sonntagsarbeit das Ziel der Regelung erreichen. Ziel der Regelung kann es nur sein, im Interesse der Allgemeinheit liegende Güter zu fördern, die dem verfassungsrechtlich geschützten Allgemeininteresse an der Sonntagsruhe gleichwertig oder diesem übergeordnet sind. Gibt es andere ebenso wirksame Möglichkeiten, um das legitime Regelungsziel zu erreichen, so ist es nicht erforderlich, eine Ausnahme von dem Verbot der Sonntagsarbeit zu machen. Die nicht erforderliche Ausnahme wäre unverhältnismäßig.

Dies gilt vor allem für die Behauptung, die Regelung der Sonntagsarbeit in der Bundesrepublik Deutschland verschlechtere die Wettbewerbschancen deutscher Unternehmen im internationalen Wettbewerb, weil andere industriell gleichwichtige Länder solche Regelungen nicht kennen oder bei der Zulassung von Ausnahmen großzügiger sind. Eine rechtsvergleichende Darstellung würde im ganzen bestätigen, daß dies so ist[148]. Aber in den Vergleich muß einbezogen werden, daß es in der Verfassung der Bundesrepublik eine Entscheidung grundsätzlicher Art gibt, die in anderen vergleichbaren Ländern nicht getroffen worden ist. Die damit für die internationale Wettbewerbssituation verbundenen allgemeinen Folgen sind in Kauf genommen worden, weil die Vorteile für das Gemeinwohl nach der Wertung der Verfassung die Nachteile überwiegen, ohne daß eine quantitativ abwägende Bewertung möglich ist. Sollten sich die allgemeinen Nachteile als bedeutender herausstellen, als dies bisher angenommen worden ist, so kann dies das Gewicht der verfassungsrechtlich festgeschriebenen Entscheidung nicht ohne weiteres aufheben. Nur wenn im Einzelfall besonders schwerwiegende Nachteile entstehen, kann überhaupt in Betracht kommen, daß die Wertung zu einem anderen Ergebnis führt.

---

148 Vgl. *Loritz* (N 9), S. 151 ff. Vgl. im übrigen zu dieser Frage unten III 3 c cc.

Zunächst bedarf es der Prüfung, welche wirtschafts- oder steuerpolitischen Alternativen zur Verfügung stehen, die solche Wettbewerbsverzerrungen, die gewiß nicht im deutschen Interesse liegen, beheben können, ohne daß damit das verfassungsrechtlich geschützte Gut des Sonntagsschutzes aufgegeben werden muß. Gibt es solche Alternativen, so ist es nicht erforderlich und daher unverhältnismäßig, den Sonntagsschutz einzuschränken. Geht es etwa um die Möglichkeit steuerlicher Erleichterungen, so ist es auch nicht unangemessen, die Frage aufzuwerfen, ob der wirtschaftliche Preis der Sonntagsruhe allein von den Unternehmen zu tragen ist und nicht zu einem Teil von der Allgemeinheit übernommen werden kann. Jedenfalls wird man es auch verfassungsrechtlich für geboten halten dürfen, daß solche Fragen wenigstens als Alternativen geprüft werden. Dem Staat, der die Chancen der produzierenden Wirtschaft im internationalen Wettbewerb bewahren und verbessern will, stehen hierfür zahlreiche Möglichkeiten zur Verfügung. Soweit dem nicht übernationales Recht entgegensteht – wie dies im Bereich der Europäischen Gemeinschaften allerdings vielfach der Fall ist –, muß sich der Staat zunächst um verfassungsgemäße Hilfen bemühen, bevor er eine verfassungsrechtlich garantierte Institution reduzieren darf.

2. *Zur Notwendigkeit gesetzlicher Regelung*

Daß die der Wahrung der Sontagsruhe dienenden Regelungen dem Gesetzgeber übertragen worden sind, ergibt sich bereits aus dem Wortlaut des Art. 139 WRV. Es war niemals zweifelhaft, daß mit der Ausgestaltung im einzelnen, zu der vor allem die Voraussetzungen für eine ausnahmsweise Zulässigkeit von Sonntagsarbeit gehören, der Gesetzgeber beauftragt ist. Er muß dabei gewiß nicht jede Detailfrage behandeln, sondern kann unter den Voraussetzungen des Art. 80 GG auch die Exekutive zum Erlaß von Rechtsverordnungen ermächtigen. Was Art. 80 GG erfordert, braucht hier nicht in allen Einzelheiten dargestellt zu werden. Der Grundgedanke der Rechtsprechung zu Art. 80 GG besteht darin, daß der Gesetzgeber gezwungen werden soll, die für die »Ordnung eines Lebensbereichs entscheidenden Vorschriften selbst zu setzen und, sofern Einzelregelungen der Exekutive überlassen bleiben, sie nach Tendenz und Ausmaß soweit selbst zu bestimmen, daß der mögliche Inhalt der zu erlassenden Verordnungen voraussehbar ist«.[149]

---

149 BVerfGE 7, 282 (301); 20, 257 (269 f.); 23, 62 (72 f.); 38, 61 (83).

Dieser Grundgedanke entspricht dem allgemeinen Vorbehalt des Gesetzes als einem aus dem Rechtsstaats- und Demokratieprinzip folgenden Erfordernis, das vom Gesetzgeber die wesentlichen Entscheidungen verlangt und es ihm nicht erlaubt, sie der Exekutive zu überlassen[150]. Nach der »Wesentlichkeitstheorie« liegen die »wesentlichen« Entscheidungen beim Gesetzgeber. Hiernach muß dieser »in grundlegenden normativen Bereichen« die wesentlichen Entscheidungen selbst treffen.[151] »Wesentlich« sind Entscheidungen vor allem dann, wenn sie Grundrechte betreffen[152]. Aber auch über diesen wichtigsten Bereich hinaus wird man kaum bestreiten können, daß die Regelung von Fragen als wesentlich anzusehen ist, die sich aus einer ausdrücklichen Entscheidung der Verfassung wie dem Art. 139 WRV ergeben. Was das Grundgesetz als so wesentlich ansieht, daß es hierüber selbst die grundsätzliche Entscheidung trifft, kann der Gesetzgeber nicht als eine Frage minderer Bedeutung mit der Folge ansehen, daß die Ausgestaltung im einzelnen der Exekutive überlassen wird. Hinzu kommt, daß Art. 139 WRV selbst die Aufforderung an den Gesetzgeber ausspricht, seine zum Sonntagsschutz getroffenen Entscheidungen aufrecht zu erhalten. Soll hiervon eine Ausnahme gemacht werden, so muß sie sich gegenüber der Verfassungsnorm legitimieren. Das muß der Gesetzgeber selbst tun, der darüber rechenschaftspflichtig ist, ob er den ihm erteilten Auftrag in einer verfassungsgemäßen Weise erfüllt hat. Es kann dabei keine Rolle spielen, ob die Ausnahmen von dem Verbot der Sonntagsarbeit aus der Sicht der betroffenen Unternehmer als belastende oder als begünstigende Akte anzusehen sind[153]. Für die sich aus Art. 80 GG ergebenden Anforderungen an die gesetzgeberische Ermächtigung des Verordnungsgebers hat das Bundesverfassungsgericht ausdrücklich gesagt, daß sie zwar bei begünstigenden Regelungen weniger streng sein mögen als bei belastenden Akten, jedoch auch im letzteren Falle die Ermächtigung hinreichend bestimmt sein müsse[154]. Der Interessenkonflikt, über den bei der Erteilung einer Ausnahme von dem Verbot der Sonntagsarbeit zu entscheiden ist, berührt in jedem Fall das verfassungsrechtlich gesicherte Prinzip des Sonntagsschutzes. Dabei macht es keinen grundsätzlichen Unterschied aus, ob es um die Anforderungen an

---

150 BVerfGE 58, 257 (278).
151 Vgl. etwa BVerfGE 49, 89(126) m.w.N.; 61, 260 (275). Zur aus der Rechtsprechung des BVerfG abgeleiteten »Wesentlichkeitstheorie« vgl. etwa *Umbach*, Festschrift für Hans-Joachim *Faller*, 1984, S. 111 ff.
152 Vgl. BVerfGE 34, 165 (192 f.); 45, 400 (417 f.); 53, 185 (204); 58, 257 (268).
153 So aber *Loritz* (N 9), S. 144 zu der in § 28 AZO der Exekutive erteilten Ermächtigung (gegen *Richardi*).
154 BVerfGE 23, 62 (73); 48, 210 (222).

die Bestimmtheit einer Ermächtigung zum Erlaß einer Rechtsverordnung oder etwa um die der Exekutive unmittelbar im Gesetz erteilte Erlaubnis geht, im Einzelfall Ausnahmen zu bewilligen. Daß auch die letztere Ermächtigung den Anforderungen an hinreichende Bestimmtheit entsprechen muß, ist oben zu § 28 AZO dargestellt worden (vgl. oben C II 4).
Scheiden andere Alternativen aus oder führen sie für sich allein nicht zu dem Ziel, die gewichtigen Nachteile für die Allgemeinheit zu beheben, so obliegt es dem Gesetzgeber, die bewertende Entscheidung so zu treffen, daß die maßgeblichen Kriterien für die rechtsanwendenden Behörden hinreichend bestimmt sind. Dabei wird die Verwendung von Generalklauseln nicht vermieden werden können, doch müssen auch diese erkennen lassen, nach welchen Gesichtspunkten die Abwägung vorzunehmen ist. Vage Begriffe wie die, daß die Regelung »im öffentlichen Interesse dringend nötig« sei, genügen dieser Anforderung nicht. Sie legen die Verantwortung für die Entscheidung des Einzelfalles ganz in die Hand der Exekutive, ohne ihr Maßstäbe zu liefern, an denen sich die Entscheidung orientieren soll.
Im ganzen spricht vieles dafür, an der Regelungssystematik festzuhalten, wie sie sich bisher aus den §§ 105 a ff. GewO ergibt. Das grundsätzliche Verbot von Sonntagsarbeit ergibt sich aus § 105 b GewO. Die Voraussetzungen, unter denen in besonderen Fällen die Unternehmen von der Beachtung des Verbots befreit sind, enthält § 105 c GewO. Bei verfassungskonformer Auslegung sind sie hinreichend bestimmt. Während es in den dort geregelten Fällen um die besondere Lage einzelner Betriebe geht, bietet § 105 d GewO die Möglichkeit allgemeiner Ausnahmen, bei denen sich auch die Notwendigkeit einer gleichmäßigen Behandlung vergleichbarer Fälle ergibt.

3. Voraussetzungen für die Zulassung von Ausnahmen vom Verbot der Sonntagsarbeit

a) Allgemeines (öffentliches) und privates Interesse

Das Verbot der Sonntagsarbeit beruht auf der Überzeugung, daß hierdurch wesentliche Belange des Allgemeinwohls gefördert werden. Sie lassen sich nicht quantitativ bestimmen und sind nicht meßbar, sondern bezeichnen ein Gemeinwohlgut von qualitativer Bedeutung. Kulturelle und religiös bestimmte Werte sowie der Zuwachs an individueller »Lebensqualität« lassen sich auch nicht danach voneinander trennen, ob sie eher dem Einzelnen oder der Allgemeinheit dienen. Jedenfalls soweit eine verfassungsrechtlich getroffene Entscheidung der Grundrechtsverwirklichung dient, wie dies bei Art. 139 WRV besonders im Hinblick auf Art. 4 Abs. 2, Art. 6 Abs. 1 GG der Fall ist, entspricht sie nicht nur der Erfüllung und Sicherung schutzwürdiger individueller Interessen, sondern fördert zugleich das Allgemeinwohl. Schon hieraus ergibt sich, daß öffentliche und private Interessen nicht notwendigerweise in einem scharfen Gegensatz zueinander stehen. Es mag genügen, das Problem und die Entwicklung anzudeuten: Während früher der Gesetzgeber wie selbstverständlich von einer Gemeinwohlkonzeption ausging, in der das öffentliche Interesse Vorrang hatte und ihm gegenüber private Interessen zurücktreten mußten, weil sie per se nachgeordnet waren[155], gelangt die neuere Gesetzgebung in vielen Zusammenhängen zu der Notwendigkeit, öffentliche Interessen und – wie es meist formuliert wird – »schutzwürdige private Interessen« gegeneinander abzuwägen. Heute stellt das öffentliche Interesse nicht mehr einen Gegenbegriff zum privaten Interesse dar. Auch wenn neben dem »Gemeinwohl« oder dem »öffentlichen Interesse« die schutzwürdigen Belange Privater nicht ausdrücklich benannt werden, müssen diese miterwogen und einbezogen werden: »Es gibt nur einen verfassungsmäßigen Gemeinwohlbegriff, nur öffentliche Interessen und Öffentlichkeit intra constitutionem und in ihr schutzwürdige private Interessen«.[156] Dies hat praktische Konsequenzen etwa dann, wenn das Bundesverfassungsgericht über den Erlaß einer einstweiligen Anordnung zu entscheiden hat, die nach § 32 BVerfGG »zum gemeinen Wohl dringend geboten« sein muß. Diese Voraussetzung gilt dann als erfüllt, wenn die durch eine mögliche Grundrechtsverletzung – also durch den Eingriff in eine individuelle Rechtsposition – entstehenden gewichtigen Nachteile des Einzelnen später nicht mehr rückgängig gemacht werden könnten[157]. Allerdings werden wirtschaftliche Nachteile, die dem Einzelnen durch den Vollzug eines möglicherweise verfassungswidrigen Gesetzes entstehen, im allgemeinen die Aussetzung zum gemeinen Wohl nicht begründen können[158]. Doch wird das Gemeinwohl dann als berührt angesehen, wenn der Eingriff die wirtschaftliche Existenz des Antragstellers gefährdet[159]. In ähnlicher Weise ist eine Enteignung nach Art. 14 Abs. 3 GG, die »nur zum Wohle der Allgemeinheit« zulässig ist, unter Umständen auch zugunsten Privater zulässig.

---

155 So vor allem *Häberle*, Öffentliches Interesse als juristisches Problem, 1971, S. 65.
156 *Häberle* (N 154), S. 70.
157 Vgl. BVerfGE 7, 367 (373).
158 BVerfGE 3, 34 (37); 6, 1 (4); 7, 175 (179).
159 Vgl. hierzu im einzelnen *Klein*, in: *Maunz/Schmidt-Bleibtreu/Klein/Ulsamer*, BVerfGG, Kommentar, 1987, Rn. 37 zu § 32 BVerfGG.

Wesentliche Voraussetzung ist dabei allerdings, daß jedenfalls mittelbar dem Nutzen der Allgemeinheit gedient wird[160]. In diesen Fällen besteht eine gesteigerte Verantwortung des Gesetzgebers. Es ist seine Aufgabe, die »Gemeinwohlaufgaben zu bestimmen und die hierbei erforderlichen Rechtsvorschriften zu erlassen«. Es liegt außerhalb der Befugnis der Exekutive, anstelle des Gesetzgebers diese Bestimmung des Gemeinwohls vorzunehmen[161]. Während der Staat, zu dessen Gunsten eine Enteignung erfolgt, von vornherein vielen rechtlichen Bindungen unterliegt, verfolgt der begünstigte Private »im Regelfall eigene Interessen unter Nutzung der ihm von der Rechtsordnung verliehenen Privatautonomie«.[162]

Die durch Art. 139 WRV entschiedene grundsätzliche Haltung zur Sonntagsarbeit beruht auf einer Bewertung, bei der sich öffentliche und private Interessen miteinander verbinden. Beide zusammen ergeben die Entscheidung, daß es dem Gemeinwohl entspreche, wenn der Sonntag nicht der Arbeit, sondern der Arbeitsruhe und der Möglichkeit zur seelischen Erhebung gewidmet ist. Demgegenüber bestehen aber auch nachteilige Wirkungen. Sie liegen offensichtlich insofern vor, als die Produktion für einen nicht unerheblichen Teil der Woche eingestellt werden muß. Auch die für das Abstellen und spätere Wiederingangbringen der Anlagen erforderlichen, unter Umständen aufwendigen und kostenerheblichen Maßnahmen bedeuten wirtschaftliche Nachteile. Diese Lasten werden in erster Linie dem einzelnen Unternehmer auferlegt, aber sie betreffen zugleich die Allgemeinheit. Sie ist an dem wirtschaftlichen Erfolg der Unternehmen in stärkster Weise interessiert. Von ihm hängt die Lieferung benötigter Güter, die Höhe des Steueraufkommens, die internationale Wettbewerbsfähigkeit und die Sicherung der Arbeitsplätze ab. Auf einigen Gebieten besteht ein unabweisbarer, unter Umständen lebensnotwendiger Bedarf für Güter und Dienstleistungen auch an Sonntagen, der nur durch die Zulassung von Sonntagsarbeit befriedigt werden kann. Auch sonst haben die Art und Weise der Normierung der Sonntagsarbeit und das Ausmaß zulässiger Ausnahmen erhebliche volkswirtschaftliche Auswirkungen, die aus der Sicht des Gemeinwohls nicht gleichgültig sein können.

Es ist aber davon auszugehen, daß den Verfassungsgebern von 1919 und von 1949 die Konsequenz bewußt war, daß Nachteile dieser Art entstehen könnten. Sie sind in Kauf genommen worden und können nicht durch Ausnahmeregelungen beseitigt werden. Wollte man durch Ausnahmeregelun-

---

160 Vgl. insbesondere BVerfGE 74, 264 (284 ff.).
161 BVerfGE 56, 249 (261 f.); 74, 264 (285 f.).
162 BVerfGE 74, 264 (285).

gen alle nachteiligen Wirkungen des Arbeitsverbots an Sonntagen beseitigen, so könnte dies in der Konsequenz nur durch die gänzliche Aufhebung des Arbeitsverbots bewirkt werden. Hierzu müßte aber das verfassungsrechtliche Gebot aufgehoben werden, weil es sich als undurchführbar herausgestellt hätte oder der hierfür gezahlte Preis zu hoch erscheint. Diese Entscheidung stünde nicht dem einfachen Gesetzgeber zu, sondern müßte im Wege der Verfassungsänderung getroffen werden.

Es kann daher nicht die Aufgabe von einfachgesetzlichen Ausnahmeregelungen sein, die vorhersehbaren und unvermeidlichen Nachteile des Arbeitsverbots aufzuheben. Sie werden jedenfalls teilweise durch die Vorteile kompensiert, die dem Gemeinwohl und dem Einzelnen durch Festhalten an der Regelung entstehen.

Entstehen dagegen Schäden in einem Umfang, der unvertretbar hoch ist, und die auf keine andere Weise vermieden werden können als durch eine die Sonntagsarbeit zulassende Ausnahmeregelung, so wird es dem Gesetzgeber erlaubt sein müssen, diese Regelung zu treffen. Die Ausnahmen dürfen aber nicht zur Regel werden. In diesem Zusammenhang ist es richtig, von dem »Kernbereich« oder dem »Wesensgehalt« der institutionellen Garantie zu sprechen, die in jedem Fall erhalten bleiben müssen. Der »Kernbereich« bezeichnet die äußerste Grenze des durch Art. 139 WRV unter allen Umständen geforderten Schutzes der Sonntagsruhe. Hieraus folgt aber nicht, daß im übrigen jegliche gesetzliche Regelung zulässig wäre, die das Verbot der Sonntagsarbeit aufhebt.

Ausnahmeregelungen kommen von vornherein nur in Betracht, wenn für sie gewichtige Gründe sprechen, und wenn sie den Charakter von Ausnahmen behalten, also nicht zur Regel werden. Der Ausnahmecharakter kann sich auch daraus ergeben, daß sie nicht auf Dauer, sondern nur für einen begrenzten Zeitraum gelten oder widerrufen werden können, wenn die Voraussetzungen entfallen, die sie rechtfertigten. Dies wird meist auf Schwierigkeiten stoßen, weil die Umstellung der Produktionsmethoden wiederum einen möglicherweise nicht vertretbaren Aufwand erfordert. Es kann aber nach den Umständen naheliegen, an eine befristete oder widerrufliche Regelung zu denken. Ist sie möglich, so entspricht die unbefristete Ausnahme nicht der institutionellen Garantie des Art. 139 WRV. Wenn die künftige Entwicklung der Technik es erlaubt, in bestimmten Bereichen Anlagen über das Wochenende stillzulegen, ohne daß dies mit Schäden technischer Art verbunden ist, entfällt auch schon nach geltendem Recht die Erforderlichkeit der Sonntagsarbeit (etwa im Fall des § 105 c Abs. 1 Nr. 3 GewO). Der Gesetzgeber, der Ausnahmen zuläßt, wird daher zu prüfen haben, ob sie nach dem heutigen Erkenntnisstand auf Dauer oder bis auf weiteres be-

willigt werden müssen oder von vornherein an die Voraussetzung geknüpft werden können, daß sich die Verhältnisse nicht ändern.
Es ist nicht möglich, den Grundsatz des Art. 139 WRV durch Vorgaben quantitativer Art zu sichern. Es läßt sich nicht sagen, von welchem Prozentsatz der am Sonntag beschäftigten Arbeitnehmer an das Gesamtbild des Sonntags nicht mehr eines der Arbeitsruhe ist. Heute liegen die Zahlen noch in einem Bereich, der die Ausnahmen als solche erscheinen läßt. Dies gilt weniger für die »Freizeitindustrie«, in der die Entwicklung deutlich steigende Tendenz hat und irgendwann einmal einen Punkt erreichen kann, bei dem von »Sonntagsruhe« nicht mehr gesprochen werden kann, wohl aber für die produzierende Wirtschaft, bei der offenbar die zahlenmäßigen Auswirkungen der Ausnahmen fünf Prozent nicht übersteigen, ohne daß bisher eine Tendenz nach oben erkennbar ist (vgl. hierzu oben B 3). Ob etwa eine Verdoppelung der Zahl der in der produzierenden Industrie am Sonntag beschäftigten Arbeitnehmer noch hinnehmbar wäre, ohne daß das Bild der Sonntagsruhe unsicher wird, läßt sich nicht sagen, zumal dies nicht in gleichmäßiger Verteilung über das ganze Land geschehen, sondern regionale und örtliche Schwerpunkte haben würde. Jede Ausnahmeregelung hat auch Auswirkungen auf andere Betriebe, bei denen die gleichen Verhältnisse bestehen. Schon nach geltendem Recht ist dies im Bereich der durch Rechtsverordnungen zugelassenen Ausnahmen zu beachten (§ 105 d Abs. 2 GewO). Auch sonst muß der Grundsatz der Wettbewerbsgleichheit beachtet werden, der sich verfassungsrechtlich aus Art. 3 Abs. 1 GG ergibt. Ausnahmeregelungen dürfen nicht zu einem Wettbewerbsvorsprung gegenüber der Konkurrenz führen. Bezieht man aber Konkurrenten in die Ausnahmeregelung ein, ohne daß bei ihnen die Voraussetzungen für diese vorliegen, weil dies die Wahrung der Wettbewerbsgleichheit erfordert, so wird im Laufe der Zeit das Verbot der Sonntagsarbeit völlig beseitigt[163]. Auch dieser Gesichtspunkt zwingt zu einer zurückhaltenden Beurteilung jeglicher Ausnahmeregelung.
Wenn es gewichtige Gründe für eine Ausnahme vom Verbot der Sonntagsarbeit gibt, die über das von allen Unternehmen um des verfassungsrechtlichen Zieles willen geforderte Opfer an Gewinnchancen und andere Vorteile wirtschaftlicher Art hinausgehen, wird man nicht scharf zwischen den Gründen unterscheiden können, die im öffentlichen Interesse liegen, und solchen, die ein nur privates Interesse des betroffenen Unternehmers betreffen. *Hesse* will zwischen den betriebswirtschaftlichen Gründen, die für

---

163 *Richardi* (N 2), S. 75.

sich allein nicht ausreichten, um eine Ausnahme von der Sonntagsruhe zu rechtfertigen, und solchen Gründen volkswirtschaftlicher Art unterscheiden, die dann vorlägen, wenn mit dem Festhalten an der Sonntagsruhe lebensnotwendige (oder doch gewichtige) Erfordernisse der Allgemeinheit beeinträchtigt würden[164]. Es ist aber schwierig, diese Unterscheidung vorzunehmen. Wird durch die Arbeitsruhe das Unternehmen so sehr betroffen, daß seine Ertragsfähigkeit und möglicherweise sogar seine Existenz gefährdet wird, so schlägt auch nach dieser Meinung der betriebswirtschaftliche Nachteil in einen volkswirtschaftlichen um[165]. In diesem Fall liegt natürlich zunächst ein privates Interesse des betroffenen Unternehmers vor. Besteht Gefahr für die Existenz eines Unternehmens, so besteht an seiner Erhaltung auch ein öffentliches Interesse schon deshalb, weil Arbeitsplätze bedroht sind. Geht es um einen kleineren Betrieb, dessen Arbeitnehmer aufgrund einer relativ günstigen Lage im örtlichen Bereich ohne größere Schwierigkeiten neue Arbeitsplätze finden können, so nimmt auch im politischen Alltag die Öffentlichkeit hieran weniger Anteil, als wenn es sich um ein Großunternehmen oder um einen drohenden Zusammenbruch in einer Region handelt, in der für die betroffenen Arbeitnehmer kaum andere Arbeitsplätze verfügbar sind. Man kann aber das öffentliche Interesse, das an der Wirtschaft insgesamt besteht, nicht nur von den zahlenmäßigen Auswirkungen solcher Entwicklungen abhängig machen. So verständlich das allgemeine Interesse an größeren Unternehmen ist, so lebenswichtig für die Volkswirtschaft können auch kleine Betriebe sein. Auch sie stellen Arbeitsplätze zur Verfügung, die in ihrer Gesamtzahl den Arbeitsmarkt mitbestimmen, und sie können auch als Zulieferer eine Bedeutung haben, die weit über die vordergründige Betrachtung eines kleinen mittelständischen Betriebes hinausgeht. Aus der Sicht der Volkswirtschaft, aber auch aus Gründen der Chancengleichheit im wirtschaftlichen Wettbewerb kann es übrigens eine fragwürdige Politik sein, großen Unternehmen, die sich eine moderne Technologie eher leisten können, durch Ausnahmen vom Verbot der Sonntagsarbeit entgegenzukommen, während kleinere Betriebe, die zur Anschaffung dieser Technik nicht in der Lage sind, ihnen gegenüber zusätzlich benachteiligt werden.

---

164 *Hesse* (N 38), S. 80 ff.
165 *Hesse* (N 38), S. 80.

b) Maßstäbe für die Gestaltung von Ausnahmeregelungen

Während die sich nach geltendem Recht aus den §§ 105 a ff. GewO ergebenden Ausnahmen vom Verbot der Sonntagsarbeit zwar unterschiedlich interpretiert werden, aber doch insoweit außerhalb des Streites sind, als sie sich auf vor allem technisch vermittelte Notwendigkeiten zeitlich begrenzter oder ständiger kontinuierlicher Produktion beziehen, betreffen die aktuellen Diskussionen vor allem die Frage, ob auch wirtschaftliche Gesichtspunkte es rechtfertigen, daß (weitere) Ausnahmen zugelassen werden. Dabei ist, wie schon erörtert, die Unterscheidung zwischen technischen und wirtschaftlichen Gründen nur sehr begrenzt möglich, weil technische Ursachen stets auch wirtschaftliche Folgen haben.

Gemeint ist vor allem die Frage, wieweit überhaupt die wirtschaftlichen Interessen des Unternehmers Berücksichtigung verdienen. Daß dies mit der Unterscheidung zwischen privaten und öffentlichen Interessen nicht hinreichend beantwortet werden kann, ist soeben dargestellt worden. Die Verknüpfung beider Gesichtspunkte ergibt sich am deutlichsten, wenn Arbeitsplätze bedroht sind oder - bei Zulassung von Sonntagsarbeit - zusätzlich geschaffen werden könnten. Hiermit eng verwandt ist die Frage, welche Bedeutung die Vermeidung einer Existenzgefährdung hat. In diesem Fall geht offensichtlich das öffentliche Interesse vor allem auf die Erhaltung der Arbeitsplätze, aber auch das zunächst private und eigene Interesse des Unternehmers kann von allgemeiner Bedeutung sein, weil der Zusammenbruch des Unternehmens aus allgemeiner (volkswirtschaftlicher) Sicht negativ zu bewerten sein kann.[166]

Von vornherein kann - wie schon erörtert worden ist - nicht jeglicher mit dem Verbot der Sonntagsarbeit verbundene wirtschaftliche Nachteil zu einer Ausnahme führen, sondern er muß als der Preis hingenommen werden, der für die Vorteile der Sonntagsruhe zu entrichten ist. Können sich besonders kapitalintensive Produktionsanlagen erst dann rentieren, wenn sie auch kontinuierlich arbeiten dürfen, dann ist dies keine Begründung, mit welcher der Unternehmer die Zulassung von Sonntagsarbeit verlangen kann. Auch wenn hierdurch eine faktische Beschränkung hinsichtlich der Beschaffung moderner Anlagen oder der Modernisierung bestehender Anlagen besteht, gibt es keinen Anspruch hierauf, daß der Staat diese Ent-

---

166 Sicher ist dies allerdings nicht, denn es kann auch sein, daß in einer überbesetzten Branche es aus der Sicht der Allgemeinheit besser sein mag, wenn der Markt im Wettbewerb entscheidet.

scheidung wirtschaftlich ermöglicht, und der Staat ist in seiner Entscheidungsfreiheit durch Art. 139 WRV beschränkt. Hierzu wird von *Kappus* eine dezidierte Gegenmeinung vertreten: Wenn besonders kapitalintensive Produktionsanlagen nur unter Ausnutzung der Sonntage rentabel seien, so sei dies ein wichtiges Merkmal bei der Prüfung der Verhältnismäßigkeit von Sonntagsarbeit. Habe sich der Unternehmer aus »ermessensfehlerfreien Wirtschaftlichkeitsüberlegungen« zur Einführung dieser Technik entschlossen, so begründe das die Zulässigkeit von Sonntagsarbeit[167].

Ein Unternehmen ist aber nicht eine Behörde, die bei ihren Entscheidungen an ein pflichtgemäßes Ermessen gebunden ist, sondern es kann seine wirtschaftlich-technischen Dispositionen im Rahmen des geltenden Rechts frei treffen, wobei es selbst die sich hieraus ergebenden Chancen und Risiken einschätzen muß. Es ist auch nicht die Aufgabe der Behörde, solche unternehmerischen Entscheidungen daraufhin zu überprüfen, ob sie sachgerecht sind. Steht der Rentabilität der Anlage das Verbot entgegen, sie sonntags zu benutzen, so handelt es sich um eine wirtschaftliche Fehlentscheidung, deren Risiko nicht auf den Staat überwälzt werden kann. Ginge die Verpflichtung des Staates, eine Ausnahme zuzulassen, sogar so weit, daß sie auch dann eintritt, wenn hierdurch das kapitalkräftigere Unternehmen gegenüber einem Konkurrenten Wettbewerbsvorteile erlangt[168], so ergibt sich als Konsequenz, daß der Staat nicht nur in seiner Verpflichtung, den Sonntag als Tag der Arbeitsruhe zu schützen, nach Maßgabe einer von ihm nicht beeinflußbaren Unternehmerentscheidung zurückweichen, sondern auch noch die hierdurch entstehende Verschlechterung der Wettbewerbschancen eines Konkurrenten gleichsam subventionieren müßte.

Das Beispiel zeigt, daß es nicht ausreicht, die Entscheidung allein an der Interessenlage des Einzelunternehmens zu orientieren. Wo Unternehmen miteinander im Wettbewerb stehen, wird stets der Konkurrent mitbetroffen, weil er entweder in die Regelung einbezogen werden muß oder sich Auswirkungen auf die Wettbewerbssituation ergeben, wenn die Ausnahmeregelung eng begrenzt wird. Insofern ist es geboten, den Blick auf die allgemeinen Folgen der Vornahme oder der Ablehnung von Ausnahmen zu richten. In den meisten Fällen geht es daher jedenfalls vorrangig um die Frage, ob das Wohl der Allgemeinheit, also gewichtige volkswirtschaftliche Gründe, Bedürfnisse und Interessen, für die Zulässigkeit von Ausnahmeregelungen

---

167 *Kappus,* (N 99), S. 125.
168 So *Kappus* a.a.O.

sprechen. Dagegen werden die besonderen individuellen Bedürfnisse des einzelnen Unternehmens keine Ausnahme rechtfertigen, sofern sich aus der Ablehnung der Ausnahme keine die Allgemeinheit berührenden Auswirkungen ergeben, die so bedeutend sind, daß sie stärkeres Gewicht haben als das Festhalten am Verbot der Sonntagsarbeit.

Wann das der Fall ist, läßt sich unmittelbar aus dem Verfassungsrecht nicht entnehmen. Die Entscheidung hierüber liegt in der Verantwortung des Gesetzgebers, der sie nicht durch eine unbestimmte Generalklausel auf die Verwaltung übertragen darf, sondern selbst die maßgeblichen Kriterien festlegen muß. Dabei bietet das bisher geltende Recht nicht nur eine wesentliche Hilfe, sondern auch insofern eine Richtlinie, als sich aus Art. 139 WRV der Grundgedanke entnehmen läßt, daß die bei seiner Schaffung bestehende Rechtslage im ganzen und mit der Maßgabe erhalten bleiben sollte, daß sie der technischen und wirtschaftlichen Entwicklung angepaßt werden dürfe[169].

Nach dem Stand der gesetzgeberischen Überlegungen ist anzunehmen, daß es in absehbarer Zeit, wenn auch voraussichtlich nicht mehr in der gegenwärtig laufenden Wahlperiode des Deutschen Bundestages, zu dem Versuch einer Neuregelung der Sonntagsarbeit kommen wird.

Eine detaillierte verfassungsrechtliche Überprüfung des Entwurfs der Bundesregierung sowie der Gesetzentwürfe der Fraktionen der SPD und der GRÜNEN ist nicht Gegenstand dieser Untersuchung. Aus den dazu veröffentlichten Stellungnahmen ergibt sich das Bild, daß einerseits die vorgeschlagenen Regelungen zwar als verfassungskonform, aber als zu eng an dem Verbot der Sonntagsarbeit festhaltend bezeichnet werden; sie trügen dem technischen Wandel und der gesteigerten Bedeutung des internationalen Wettbewerbs nicht ausreichend Rechnung und führten daher zu erheblicher Benachteiligung der deutschen produzierenden Industrie gegenüber der ausländischen Konkurrenz[170]. Andererseits wird aber auch die Befürchtung geäußert, daß der Entwurf der Bundesregierung das von ihm proklamierte Ziel nicht erreiche, die geltenden Vorschriften über den Schutz der Sonntagsruhe in das Recht des Arbeitszeitschutzes einzubeziehen und den geltenden Rechtszustand grundsätzlich aufrecht zu erhalten, ihn aber zugleich den modernen Bedürfnissen anzupassen. Die in dem Entwurf vorgesehenen Ausnahmen bedeuteten eine zum Teil erhebliche und verfassungsrechtlich bedenkliche Ausweitung gegenüber dem geltenden Recht[171].

169 Vgl. *Hesse* (N 38), S. 43, 78 f.
170 So vor allem *Loritz* (N 9), S. 171 ff.
171 Vgl. *Richardi* (N 2), S. 103 ff.

Eine künftige gesetzliche Neuregelung wird prüfen müssen, welche Haltung sie zu den heute politisch umstrittenen weiteren Ausnahmetatbeständen einnehmen will, die über das traditionelle Bild des Ausnahmekatalogs der Gewerbeordnung hinausgehen. Ungeachtet der bereits dargestellten Kontroversen z.B. über die Auslegung des § 105 c Abs. 1 Nr. 4 GewO wird man davon ausgehen können, daß die wesentlichen Bewertungsgrundsätze des geltenden Rechts nicht im Streit sind. Die Zulässigkeit von Ausnahmen in den Fällen der Notstandarbeiten, der Verhütung von Schäden, des Verderbens von Rohstoffen oder des Mißlingens der Erzeugnisse und anderen Situationen, in denen technisch vermittelte Bedürfnisse zur Durchführung von Arbeiten an Sonntagen unabweisbar erscheinen, entspricht dem geltenden Recht und langer Praxis, über die es keine grundsätzlichen Meinungsverschiedenheiten gibt. Dagegen ist durchaus kontrovers und bisher jedenfalls nicht ausdrücklich geregelt, sondern allenfalls aus – oft fragwürdigen – Interpretationen des geltenden Rechts zu entnehmen, ob über solche Gründe hinaus die wirtschaftlichen Folgen des Verbots der Sonntagsarbeit durch Ausnahmeregelungen wenigstens gemindert werden können.

Es ist zweifelhaft, ob es dem Gesetzgeber gelingen könnte, solche Gründe, soweit sie Anerkennung verdienen, in einem vollständigen Katalog aufzuzählen und sie so präzise zu umschreiben, daß ein Mehr an Rechtssicherheit hergestellt wird. Die Tendenz der Flucht in die Generalklausel – ein Vorgang, der nicht auf das hier zu erörternde Thema beschränkt ist, sondern auch auf anderen politisch umstrittenen Rechtsgebieten festzustellen ist, zeigt nicht nur Unsicherheit über die Wertungen an, die bei der Anerkennung oder der Ablehnung eines Ausnahmegrundes vorzunehmen sind, sondern beruht auch auf der Schwierigkeit, Ursachen und Wirkungen zueinander in eine überzeugende Beziehung zu setzen.

Wie schon in anderem Zusammenhang ausgeführt, wird es sehr oft nicht möglich sein, den eindeutigen Nachweis zu führen, daß gravierende wirtschaftliche Probleme, die aus der Sicht der Allgemeinheit nicht ignoriert oder lediglich in Kauf genommen werden können, auf das Verbot der Sonntagsarbeit zurückzuführen sind oder daß die Ausnahmeregelung der einzige Weg wäre, diese Probleme zu beheben. Jede Ausnahmeregelung, die solchen Fällen Rechnung tragen will, wird daher Anlaß zu zahlreichen neuen Auslegungsstreitigkeiten geben und einen erheblichen Aufwand bei Antragsteller, Behörde und Gerichten erfordern, oder sie wird die Voraussetzungen, unter denen sie in Betracht kommt, wiederum nur so allgemein umschreiben können, daß sie zwar keine offene, aber doch eine versteckte Generalklausel darstellt. Die Entwicklung der Auslegung des § 105 c Abs. 1

Nr. 4 GewO zeigt diese Gefahr deutlich an[172]. Allerdings folgt hieraus nicht, daß sich der Gesetzgeber der zweifellos sehr schwierigen Aufgabe entziehen dürfte, zu den anstehenden Fragen Antworten zu finden. *Richardi* ist dahin zuzustimmen, daß die in der Praxis der letzten Zeit, auch durch den Verzicht auf Rechtsverordnungen nach § 105 d GewO, entstandene Situation der Rechtsunsicherheit das Verbot der Sonntagsarbeit auch im gesellschaftlichen Bewußtsein wirksamer demontiert habe, als dies durch staatliche Ausnahmeregelungen möglich gewesen wäre[173]. Dies macht eine an Art. 139 WRV orientierte Neuregelung dringlich, die auch den bestehenden Streit- und Zweifelsfragen nicht ausweicht.

c) Einzelfragen

aa) Gesetzliche Regelung der Ausschußquoten? Wie bereits dargestellt, hat sich vor allem seit der Entscheidung des Bayerischen Obersten Landesgerichts zu § 105 c Abs. 1 Nr. 4 GewO[174] eine Verwaltungspraxis entwickelt, die versucht, festere Maßstäbe dafür zu finden, wann die Gefahr einer fehlerhaften Produktion durch das Verbot der Sonntagsarbeit hervorgerufen wird. Verursacht die Unterbrechung der Arbeit an Sonntagen Ausschuß in Höhe von mindestens 5 % der Wochenproduktion (bezogen auf die Werktage von Montag bis Sonnabend mit 144 Betriebsstunden) (Schrottquote), so kann die kontinuierliche Betriebsweise zugelassen werden. Nach dem Entwurf der Bundesregierung zu einem Arbeitszeitgesetz heißt es in der Begründung zu dem vorgesehenen Ausnahmekatalog, daß Ausnahmen von dem Verbot der Sonntags- und Feiertagsarbeit »in bisherigem Umfang« zulässig sein sollen[175]. Es ist anzunehmen, daß damit die Entscheidung des Bayerischen Obersten Landesgerichts und die sich hieran orientierende Verwaltungspraxis gebilligt werden soll, wie sie etwa in einem Erlaß des Arbeitsministers NRW zum Ausdruck kommt[176]. Unklar ist allerdings, ob damit auch die in der Gerichtsentscheidung geäußerte Ansicht bekräftigt wird, nach der § 105 c Abs. 1 Nr. 4 GewO auch anwendbar sei, wenn es zwar andere Produktionsweisen gebe, die eine Arbeit an Sonntagen entbehrlich machen würden, diese aber weniger wirtschaftlich seien. Der Ge-

---

172 Vgl. hierzu *Häberle* (N 11), S. 41.
173 *Richardi* (N 3), S. 104 (im Anschluß an *Fischer,* Industrielle Sonntagsarbeit, 1957, S. 64 und *Boisserée,* DB 1961, S. 471 ‹472›).
174 BayObLG, AP Nr. 1 zu § 105 c GewO.
175 BT-Drucks. 11/360, S. 20.
176 Erlaß vom 9. April 1987, III A 4 - 8322.

werbetreibende sei »dem Grundsatz nach nicht gehindert, eine dem Stand der Technik und Wirtschaft angepaßte und unter diesen Gesichtspunkten erheblich verbesserte Produktionsart einzuführen, selbst wenn damit die Voraussetzungen des § 105 c Abs. 1 Nr. 4 GewO eintreten ... Der Gesetzgeber will den technischen und wirtschaftlichen Fortschritt nicht hindern«.[177]

Damit wird wiederum die Grundsatzfrage aufgeworfen, deren Beantwortung sich der Gesetzgeber nicht entziehen sollte. Eine Ausnahmeregelung ist nicht schon deshalb gerechtfertigt, weil diese sich an einer bestehenden Verwaltungspraxis orientiert, die wiederum auf eine Gerichtsentscheidung zurückgeht.

Die auf die Vermeidung einer Ausschußquote gerichtete Ausnahme, die dem Grundsatz nach dem geltenden Recht entspricht, ist nicht zu beanstanden. Die Vermeidung erheblicher volkswirtschaftlicher Schäden ist auch vom Bundesverfassungsgericht als Gemeinwohlgut anerkannt[178]. Hierzu gehört auch die Vermeidung des Verderbens von Rohstoffen, die volkswirtschaftlich wertvoll sind. Der Gesetzgeber wird entscheiden dürfen, ob eine Quote von 5 % angemessen ist oder welcher andere Satz zugrunde gelegt werden sollte. Nur wenn der Satz so herabgesetzt würde, daß in der Praxis jeder Fall berücksichtigt wird, in dem es infolge des Sonntagsarbeitsverbot zu einer auch nur geringfügigen Minderung der Produktionsqualität kommt, würde die Grenze ihren Sinn verlieren und die Ausnahme zur Regel machen.

Andererseits darf jedoch die Regelung nicht geradezu einen Anreiz dafür liefern, auf Alternativen zu verzichten, die eine Sonntagsarbeit vermeiden würden, aber aus der Sicht des Unternehmens wirtschaftlich weniger vorteilhaft sind. Bevor eine Ausnahmeregelung nach § 105 c Abs. 1 Nr. 4 GewO in Betracht kommt, hat der Unternehmer eine technische Gestaltungspflicht. Er muß alle sich bietenden Möglichkeiten nutzen, um die Fehlerquote herabzusetzen[179]. Geht es um alternative technische Methoden, die aus der Sicht des Unternehmers weniger wirtschaftlich sind, aber Sonntagsarbeit vermeiden, so ist es zumindest problematisch, die notwendige Abwägung der Vor- und Nachteile mit dem Argument des Bayerischen Obersten Landesgerichts zu erledigen, der Gesetzgeber wolle sich dem techni-

---

177 BayObLG, a.a.O. Bl. 757 f.
178 BVerfGE 6, 1 (4 f.); 7, 175 (180 f.); die letztere Entscheidung sagt dies nicht ausdrücklich, setzt es aber wohl als selbstverständlich voraus.
179 Hierzu *Däubler* (N 12), S. 10 f.; *Schatzschneider*, NJW 1989, S. 681 (684); *Ulber*, CR 1988, S. 399 (402); *Wohlrabe* (N 9), S. 55; OVG Münster, NZA 1986, S. 478 (480).

schen Fortschritt nicht in den Weg stellen. Eben dies ist die Frage, die der Gesetzgeber zu beantworten hat, und sie fällt schwieriger aus, als die Formel anzeigt. Nimmt man sie wörtlich, so ist sie geeignet, den Sonntagsschutz gänzlich oder doch überall dort zu beseitigen, wo es technische und wirtschaftlich vorteilhafte Methoden kontinuierlicher Arbeit gibt. Einer solchen Auslegung steht aber Art. 139 WRV entgegen. Auch das Gericht räumt ein, daß es dem Gewerbetreibenden nicht schlechthin freistehe, zu einer anderen Art der Herstellung überzugehen, die künftig die Sonntagsarbeit »erforderlich« mache. Er dürfe dies vielmehr nur dann tun, wenn die Vorteile »bei einer billigen Abwägung« gegenüber den sozialen Nachteilen der Sonntagsarbeit erheblich seien und der Verzicht auf sie daher »zumutbar« sei.

Diese Abwägung verschiebt die Gewichte zu stark auf die Interessenlage des Unternehmers und zu Lasten des Sonntagsschutzes. Gewiß kann dem Unternehmer nicht unter allen Umständen zugemutet werden, auf jegliche neue Technik zu verzichten. Es muß aber eine Opfergrenze erreicht sein, die alle Alternativen erschöpft hat und zu dem Ergebnis führt, daß ohne die Einführung der neuartigen Technik und die damit verbundene Notwendigkeit der Sonntagsarbeit der Betrieb so unwirtschaftlich wird, daß eine Existenzgefährdung zu befürchten ist. Damit ist die Situation eines Sonderopfers erreicht, das sich deutlich von den allgemeinen und mit dem Verbot der Sonntagsarbeit verbundenen unternehmerischen Nachteilen abhebt.

Eine ausdrückliche Regelung, die inhaltlich dem vom Bayerischen Obersten Landesgericht entwickelten Gedankengang entspricht, hätte immerhin den Vorteil, daß der Wille des Gesetzgebers nicht vermutet oder im Wege der Auslegung ermittelt werden muß, sondern sich aus dem Gesetz selbst ergibt. Würde das Gesetz sinngemäß das formulieren, was das Gericht ausgesprochen hat, so hieße dies etwa, daß die Einführung einer neuen Technik mit der notwendigen Folge der Sonntagsarbeit dann nicht erforderlich ist, »wenn die durch die neue Methode erzielbaren Vorteile bei einer billigen Abwägung gegenüber den sozialen Nachteilen der Sonntagsarbeit nicht erheblich sind, der Verzicht auf diese Vorteile also zumutbar ist«.

Wäre dies der Inhalt des Gesetzes, so bestünden hiergegen verfassungsrechtliche Bedenken. Sie beruhen darauf, daß in generalklauselartiger Weise eine Abwägung von Rechtsgütern verlangt wird, die undurchführbar ist. Die wirtschaftlichen Vorteile der neuen Technik werden meßbar sein, aber die sozialen Nachteile der Sonntagsarbeit sind es nicht. So soll gegeneinander gestellt werden, was nicht berechnet werden kann. Dabei entsteht auch die Gefahr, daß der ideelle und daher nicht berechenbare Wert des Sonntags gegenüber den handgreiflichen Vorteilen einer neuen Technik nicht ins Gewicht fällt, also im Ergebnis über einen formelhaften Hinweis hinaus keine Berücksichtigung findet, weil - wie die Entscheidung selbst ausspricht - der Gesetzgeber den wirtschaftlichen und technischen Fortschritt nicht hindern wolle. Das heißt im Ergebnis nichts anderes, als daß der Sonntagsschutz nur dann oder nur dort noch aktuell wird, wo er im Sinne dieses Fortschritts nichts kostet. Daß dies der Bedeutung des Art. 139 WRV nicht Rechnung trägt, ist schon oben dargestellt worden.

Will der Gesetzgeber die Frage regeln, so kann er auch Ausnahmen von dem Gebot der Erforderlichkeit der Einführung einer neuen Technik dann zulassen, wenn der Verzicht auf sie zu einer schweren und nachhaltigen Gefährdung der Ertragsfähigkeit oder der Existenz des Unternehmens führen müßte[180]. Ein so schwerer Nachteil muß dem Unternehmer nicht zugemutet werden, und es ist auch davon auszugehen, daß damit erhebliche Nachteile für die Volkswirtschaft verbunden sind, auch wenn es sich um einen Einzelfall handelt. Jedenfalls kann aus verfassungsrechtlichen Gründen dem Gesetzgeber nicht verwehrt werden, eine solche Bewertung vorzunehmen.

bb) Schaffung neuer Arbeitsplätze oder Vermeidung des Wegfalls von Arbeitsplätzen. Nach heute geltendem Recht ist die Gefahr des Verlustes von Arbeitsplätzen oder die Chance, durch Einführung von Sonntagsarbeit neue Arbeitsplätze zu schaffen, kein Grund für eine Ausnahme von Verbot der Sonntagsarbeit. Wenn nicht einer der in § 105 c GewO aufgeführten technisch vermittelten Ausnahmetatbestände besteht und auch die Voraussetzungen für eine Rechtsverordnung nach § 105 d GewO nicht vorliegen, verbleibt allenfalls die Ausnahmebewilligung nach § 28 AZO. Die Vorschrift ist aber, wie dargestellt, so vage formuliert, daß sich nahezu jeder beliebige Sachverhalt mit ihrer Hilfe regeln läßt. Eben hieraus ergeben sich aber die verfassungsrechtlichen Bedenken. Es ist nach weithin vertretener Auffassung ausgeschlossen, daß mit Hilfe dieser Generalklausel die detaillierten Regelungen der Gewerbeordnung überspielt werden. Sehen diese keine Möglichkeit für eine Ausnahme vor, so kann sie nicht aus § 28 AZO gewonnen werden. Das Argument, daß Arbeitsplätze gewonnen oder ihr Verlust verhindert werden könne, ist auch prinzipiell überall anwendbar, wo aus welchen Gründen immer die Einführung von Sonntagsarbeit gewünscht wird. Wenn über die Werktage hinaus ein weiterer Tag für die Produktion genutzt werden kann, bedeutet dies stets eine Vermehrung der Arbeit und damit auch der Arbeitsplätze, selbst wenn es bei vollautomatischer Produk-

---

180 Vgl. *Hesse* (N 38), S. 80.

tion nur um Aufsichts- oder Kontrollfunktionen geht. Dies ist so selbstverständlich, daß man der verfassungsrechtlichen Regelung nicht unterstellen kann, sie habe nicht gesehen, daß das Verbot der Sonntagsarbeit überall dort, wo das Produktionsergebnis auch eine Absatzchance hat, zu einem Verlust sonst potentiell verfügbarer Arbeitsplätze führen muß. Dieser soziale Nachteil, der unter den heutigen Verhältnissen einer ins Gewicht fallenden Arbeitslosigkeit nicht gering einzuschätzen ist, steht wiederum den sozialen Vorteilen gegenüber, die die Arbeitsruhe am Sonntag bringt. Das Ergebnis dieser in der Verfassung selbst vorgenommenen Abwägung ist auch dort zu respektieren, wo vor allem von den Betroffenen selbst ein erhebliches Opfer verlangt wird. Auch hier gilt, daß - wie in vielen anderen Zusammenhängen - die Sonntagsarbeit nur eine von vielen Ursachen für das soziale Übel ist, um das es geht, und daß dem Staat außer der Einführung von Sonntagsarbeit andere Möglichkeiten zur Verfügung stehen, um Arbeitslosigkeit zu bekämpfen. Welches die geeigneten Mittel sind, ist politisch zu entscheiden.

Der Gesetzgeber wird aber im Rahmen seiner Überlegungen, die seine Wirtschaftspolitik bestimmen, auch erwägen dürfen, daß Arbeitslosigkeit ein erheblicher Schaden für das Allgemeinwohl ist. Sie trifft nicht »nur« den Einzelnen, sondern belastet die Allgemeinheit mit hohen Kosten, die für die Sicherung der Stabilität des Systems der sozialen Sicherung von Bedeutung sind[181]. Daher kann die Sicherung vorhandener und der Gewinn neuer Arbeitsplätze grundsätzlich geeignet sein, Ausnahmen vom Verbot der Sonntagsarbeit zu begründen[182]. Die ausnahmsweise Zulassung von Sonntagsarbeit, um gefährdete Arbeitsplätze zu erhalten oder neue zu gewinnen, ist mit der Zielsetzung von Art. 139 WRV grundsätzlich vereinbar.

Da jede Zulassung von Sonntagsarbeit auf das Arbeitsplatzargument gestützt werden kann und eine Ausnahme bleiben muß, wenn nicht die institutionelle Garantie schließlich aufgehoben werden soll, müssen aber die näheren Voraussetzungen vom Gesetzgeber geregelt werden. Dabei werden die allgemeinen und die besonderen Verhältnisse von Bedeutung sein, die im Hinblick auf die Lage am Arbeitsmarkt jeweils bestehen. Besteht, wie es in Zeiten der Vollbeschäftigung der Fall ist, überhaupt kein Bedarf an neuen Arbeitsplätzen, oder werden auch bei sonst bestehender Arbeitslosigkeit nur solche Arbeitsplätze geschaffen oder erhalten, die wegen der für sie erforderlichen Qualifikation nicht besetzt werden können, so ist die Aus-

---

181 Vgl. z.B. BVerfGE 68, 193 (218); 70, 1 (26,30).
182 So auch *Häberle* (N 11), S. 40; *Däubler* (N 12), S. 10; *Kappus*, (N 99), S. 124.

nahme im Hinblick auf das angestrebte Ziel ungeeignet und daher nicht verhältnismäßig. Stehen andere Möglichkeiten zur Verfügung, um etwa ein gefährdetes Unternehmen zu erhalten, so ist die Ausnahme nicht erforderlich, weil die anderen Maßnahmen, die ebenso wirksam sind, keine verfassungsrechtlich geschützten Rechtsgüter beeinträchtigen. Auch muß abgewogen werden, ob der erwünschte Erfolg in einem angemessenen Verhältnis zu der damit verbundenen Beeinträchtigung des Gemeinwohlgutes der Sonntagsruhe steht. Das kann zu verneinen sein, wenn es um die Einführung einer kontinuierlichen Produktion in einem hochautomatisierten Betrieb handelt, bei dem auch am Sonntag nur ganz wenige zusätzliche Arbeitskräfte benötigt werden. Insgesamt wird daher die Einführung von Sonntagsarbeit als Mittel zur Bekämpfung der Arbeitslosigkeit nur dann in Betracht kommen können, wenn auch hier der Grundsatz der Verhältnismäßigkeit gewahrt bleibt. Die näheren Voraussetzungen werden gesetzlicher Regelung bedürfen. Geschieht dies, so wird man sich hiervon keine nachhaltigen Auswirkungen auf dem Arbeitsmarkt versprechen dürfen. Es wäre realitätsfremd, wollte man die heute bestehende Arbeitslosigkeit auch nur zu einem wesentlichen Teil auf das bestehende Verbot der Sonntagsarbeit zurückführen. Seine auch nur teilweise Beseitigung im Wege von gesetzlich zugelassenen Ausnahmen kann dann auch kein zahlenmäßig ins Gewicht fallendes Ergebnis erwarten lassen.

cc) Konkurrenzsituationen im internationalen Wettbewerb. Zu dem Argument, das Verbot der Sonntagsarbeit gefährde die Wettbewerbsfähigkeit deutscher Unternehmen gegenüber ausländischen Konkurrenten, ist nur weniges hinzuzufügen, was nicht schon an früherer Stelle gesagt worden ist. Gewiß kann man insgesamt die Vor- und Nachteile des »Standorts Bundesrepublik Deutschland« mit denen anderer Länder gleichen industriellen Standards vergleichen und prüfen, in welcher Beziehung die einzelnen Faktoren den Wettbewerb beeinflussen. Stets handelt es sich um eine Fülle der unterschiedlichsten Umstände. Die Position der deutschen Wirtschaft an den Weltmärkten spricht kaum dafür, daß sie sich in einer aussichtslosen Situation befindet, obwohl sie mit an der Spitze der Lohnskala steht, von den Arbeitnehmern mit die kürzesten Arbeitszeiten fordert und ihnen sehr viel längere Urlaubszeiten gewährt, als dies in anderen Ländern der Fall ist. Diese und viele andere Rahmenbedingungen haben ein sehr viel stärkeres Gewicht als das Arbeitsverbot am Sonntag, das in den meisten vergleichbaren Industrieländern ebenfalls besteht, wenn es auch nicht verfassungsrechtlich abgesichert ist und im allgemeinen großzügigere Ausnahmeregelungen kennt als das Recht der Bundesrepublik Deutschland.

Das verfügbare Material hierüber ermöglicht keine abschließenden Feststellungen. So hat die Bundesregierung in einer parlamentarischen Antwort auf eine Kleine Anfrage der Fraktion DIE GRÜNEN im Dezember 1988 zwar Zahlenmaterial mitgeteilt, aus dem sich ergibt, daß die Zahl der zumindest teilweise an Sonn- und Feiertagen beschäftigten Arbeitnehmer in der Bundesrepublik Deutschland im internationalen Vergleich relativ niedriger liegt als in den meisten anderen Ländern[183]. Sie hat aber die Vergleiche zwischen den Ländern anhand von Globalzahlen als wenig aussagekräftig bezeichnet, weil das Ausmaß atypischer Arbeitsformen auch von der jeweiligen Wirtschaftsstruktur des Landes abhänge. So senke z.B. ein hoher Anteil der Landwirtschaft die globalen Kennziffern.

Während es nach einer anderen Untersuchung in einigen Ländern, so in Dänemark, Finnland, Großbritannien, Japan, Schweden, Spanien und den USA, überhaupt kein gesetzliches Verbot der Sonntagsarbeit gibt, bestehen in der Mehrzahl der Länder Verbote, so in Belgien, Frankreich, Griechenland, Luxemburg, den Niederlanden, Norwegen, Österreich und der Schweiz. Die Ausnahmeregelungen entsprechen im allgemeinen der Rechtslage in der Bundesrepublik Deutschland, doch werden sie nach der Untersuchung meist flexibler als hier gehandhabt. Ausnahmebewilligungen aus wirtschaftlichen Gründen werden noch überwiegend als selten bezeichnet, doch begännen sie neuerdings, eine größere Rolle als Ausnahmekriterium zu spielen[184].

Es ist verfehlt, die Stellung im Wettbewerb auf nur eine Ursache zurückzuführen. Wertende Entscheidungen, welche durch die Verfassung oder sonst

---

183 BT-Drucks. Nr. 11/3779, S. 4.
 Hiernach sind - zumindest teilweise - in Sonntags- und Feiertagsarbeit beschäftigt (in v.H. der Gesamtzahl der Arbeitnehmer).

	Männlich	Weiblich
Bundesrepublik Deutschland	19,5	10,5
Belgien	19,8	11,8
Dänemark	35,6	28,6
Frankreich	22,1	15,2
Großbritannien	40,8	17,6
Irland	26,9	20,5
Italien	26,9	12,2
Luxemburg	31,0	13,4
Niederlande	19,7	17,4

184 Vgl. den Bericht von *zu Schoenaich-Carolath*, RdA 1988, S. 290 (293); nähere Angaben bei *dies.*, Standort Bundesrepublik Deutschland, Der Arbeitgeber, Sonderausgabe Mai 1988.
 Die gesetzlichen Regelungen über Sonntagsarbeit in Gewerbebetrieben in Westeuropa sind in dem Schreiben des Bundesministers für Arbeit und Sozialordnung an die Arbeitsminister (Senatoren) der Länder vom 29. November 1988 - III b 3-37106-10 - zusammengestellt.

durch die Rechtsordnung getroffen worden sind, haben ihre eigene Rechtfertigung. Sie hängt nicht davon ab, ob sie in anderen Ländern in gleicher Weise getroffen worden ist, und ihr Wert wird nicht durch den Umstand gemindert, daß hierdurch zu einem gewissen Teil Wettbewerbschancen verändert werden. Die Sonntagsarbeit ist nur in der Bundesrepublik Deutschland verfassungsrechtlicher Regelungsgegenstand geworden, so wie auch andere für die Rentabilität der Produktion wesentliche Umstände in anderen Ländern anders beurteilt werden. Auch aus solchen anderen Umständen können sich Konsequenzen im internationalen Wettbewerb ergeben, ohne daß bei uns ein Anlaß gesehen wird, hinter die als sozial gerecht empfundenen, zum Teil auch durch Verfassungsrecht verbürgten Regelungen zurückzufallen. Niemand wird auf den Gedanken kommen, daß das Verbot der Kinderarbeit oder die nach dem Prinzip der Gleichberechtigung der Geschlechter unzulässige Diskriminierung von Frauen bei der Entlohnung, die in manchen anderen Ländern noch gängige Praxis ist, deswegen wieder in Frage gestellt werden dürften, weil sie den Einsatz der Arbeitskraft verteuerten und damit Nachteile im internationalen Wettbewerb mit sich brächten. Solchen heute als selbstverständlich empfundenen sozialen Errungenschaften ist der Schutz des Sonntags gleichwertig. Er beruht auf einer gefestigten Tradition und ist seit geraumer Zeit verfassungsrechtlich abgesichert.
Die rechtlichen Rahmenbedingungen, unter denen sich in der Bundesrepublik Deutschland unternehmerische Tätigkeit entfalten kann, obliegen insgesamt der Entscheidung des Gesetzgebers. Das Grundgesetz ist nicht auf eine bestimmte Wirtschaftsverfassung festgelegt[185]. Der Gesetzgeber kann innerhalb der ihm durch das Grundgesetz gezogenen Grenzen frei über die Ordnung des Wirtschaftslebens entscheiden. Dies hat zur Konsequenz, daß die Fülle der Faktoren, aus denen sich die Rahmenbedingungen für unternehmerisches Handeln ergeben, soweit sie auf staatliche Entscheidungen zurückzuführen sind, der freien Gestaltung unterliegen, obwohl hierdurch die Chancen und Risiken im internationalen Wettbewerb wesentlich beeinflußt werden. Soweit der Gesetzgeber an verfassungsrechtliche Vorgaben gebunden ist, wie im Bereich der Sonntagsarbeit, kann er die mögliche Verminderung der Chancen der deutschen Unternehmen im internationalen Wettbewerb nicht in dem gleichen Maße als Argument anerkennen als in den Bereichen, in denen er Gestaltungsfreiheit hat. Dies bedeutet nicht, daß dem Staat gleichgültig sein kann, ob die Wirtschaft in diesem Wettbewerb bestehen kann. Ergibt die Gesamtheit der Rahmenbedingungen Nachteile

---

185 BVerfGE 4, 7 (17 f.); 50, 290 (336 ff.).

gegenüber den ausländischen Konkurrenten, so sind Überlegungen angebracht, auf welche Weise sie ausgeglichen werden können. Hierfür stehen dem Staat viele Alternativen zur Verfügung, von denen die Gewährung von Ausnahmen auf dem Gebiet der Sonntagsarbeit nur eine Möglichkeit von wahrscheinlich vergleichsweise geringerer Bedeutung ist.
Das allgemeine Argument, daß die Verhinderung von Sonntagsarbeit die Chancen deutscher Unternehmen im internationalen Wettbewerb verschlechtere, reicht nicht aus, um die Aufhebung des Verbots zu rechtfertigen. Soweit ein Bedürfnis dafür besteht, die allgemeinen Standortbedingungen zu verbessern, sind andere Möglichkeiten zu prüfen, deren Anwendung keine verfassungsrechtlichen oder anderen rechtlichen Hindernisse entgegenstehen. Notfalls müßte sich der Gesetzgeber überlegen, ob er im Wege der Gesetzesänderung z.B. steuerliche Erleichterungen oder andere Hilfsmaßnahmen einführt, um Nachteile auszugleichen.
Es sind jedoch besondere Situationen vorstellbar, in denen das Argument der internationalen Konkurrenz ein stärkeres Gewicht hat. Der notstandsähnlichen Lage, der § 105 c Abs. 1 Nr. 1 GewO Rechnung tragen will, entspricht ein unvorhersehbarer, kurzfristig eintretender und dringender Bedarf für Sonntagsarbeit, der nicht - wie § 105 c Abs. 1 Nr. 1 GewO mit einer allerdings generalklauselartigen Formulierung wohl mindestens in erster Linie meint - der Behebung technischer Probleme, sondern der Verhütung sonst drohender wirtschaftlicher Schwierigkeiten dient. Eine solche Krisenlage muß nicht im internationalen Wettbewerb entstehen, aber dieser liefert ein Beispiel für eine Ausnahmesituation, in der das Festhalten am Verbot der Sonntagsarbeit ein unzumutbares Sonderopfer für das Unternehmen bedeuten und volkswirtschaftliche Interessen schädigen würde. Wenn eine Betriebsstörung, etwa durch einen Brand oder eine Überschwemmung, zum Stillstand der Produktion mit der Folge führt, daß Lieferzusagen nicht eingehalten werden können, hohe Konventionalstrafen drohen oder neue Aufträge verloren gehen, ist es gerechtfertigt, die Vermeidung so erheblicher Schäden nicht daran scheitern zu lassen, daß am Sonntag nicht gearbeitet werden darf, auch wenn dies ausreichen würde, um den drohenden Schaden abzuwenden. Erst recht gilt dies, wenn zusätzlich zu den sonst unvermeidlichen Nachteilen ausländische Bewerber ihre Chance nutzen und das Unternehmen um seinen Platz im Wettbewerb bringen könnten.
In solchen Fällen wäre ein Festhalten an der Sonntagsruhe unverhältnismäßig und auch aus der Sicht der Allgemeinheit unzumutbar. Voraussetzung ist allerdings, daß die ausnahmsweise Zulassung von Sonntagsarbeit geeignet und erforderlich ist, um den Schaden zu vermeiden. Dies ist nicht der Fall, wenn andere Alternativen zur Verfügung stehen oder wenn auch die

Sonntagsarbeit an der entstandenen Lage nichts mehr ändern könnte. Der Schaden, den es zu vermeiden gilt, muß ein erheblicher sein, also die Existenz des Unternehmens unmittelbar oder jedenfalls bei einer vertretbaren Prognose mittelbar, also innerhalb eines absehbaren Zeitraumes bedrohen. Obwohl bei der Prüfung der Verhältnismäßigkeit nicht in einem strikten Sinne zwischen den öffentlichen Interessen und dem privaten Interesse des Unternehmers unterschieden werden kann, läuft die Erheblichkeit des Schadens darauf hinaus, daß ein gemeinwohlbezogenes Interesse an der Bewältigung der Krisenlage bestehen muß. Neben dem Gesichtspunkt der Erhaltung bedrohter Arbeitsplätze wird die Gefahr der Verdrängung eines deutschen Unternehmens vom internationalen Markt dabei ein gewichtiges Argument sein. In einer exportorientierten Wirtschaft besteht ein hohes Allgemeininteresse an der Erhaltung der Wettbewerbschancen.

dd) Sonntagsarbeit und technischer Fortschritt
Im engsten Zusammenhang mit der Situation im internationalen Wettbewerb steht schließlich die Frage, ob und wie sich das Verbot der Sonntagsarbeit insgesamt zu dem Problem des technischen Fortschritts verhält. Es kann nicht mit allgemeinen Formeln wie der beantwortet werden, der Gesetzgeber habe den technischen und wirtschaftlichen Fortschritt nicht hindern wollen[186]. Ohne daß die Frage hier erörtert werden muß, was in diesem Zusammenhang wirklich »Fortschritt« bedeutet, ist evident, daß die Zielvorstellung einer Humanisierung der Arbeitswelt, der auch Art. 139 WRV dienen will, mit der auf die möglichste Perfektionierung der Technik gerichteten Ausgestaltung der Arbeitswelt in ein Spannungsverhältnis gerät. Nicht nur das Gebot der Sonntagsruhe, sondern zahlreiche andere Regelungen des Arbeitsschutzes setzen dem Einsatz der Technik Grenzen, behindern also insoweit bewußt und gewollt den technischen und den wirtschaftlichen Fortschritt. Dies gilt jedenfalls dann, wenn als Fortschritt die Maximierung der Produktions- und Gewinnchancen verstanden wird, selbst wenn sie auf Kosten ideeller und daher schwer oder überhaupt nicht meßbarer Güter geht, zu denen auch das Bild der Sonntagsruhe gehört. Dies ist der schon bisher in vielen Zusammenhängen erörterte Grundkonflikt, dem sich auch ein künftiger Gesetzgeber stellen muß. Er wird ihm nicht durch die realitätsferne Behauptung ausweichen können, daß technischer und wirtschaftlicher Fortschritt und die Humanisierung der Arbeitswelt oder die allgemeine Lebensqualität stets und notwendigerweise identisch seien, sondern er hat unter den gegeneinander stehenden Positionen - unter Be-

---

186 BayObLG, AP Nr. 1 zu § 105 c GewO.

achtung der verfassungsrechtlichen Vorgabe – eine Entscheidung zu treffen. Steht eine neue Technik zur Verfügung, die Quantität oder Qualität der Produkte erheblich verbessert oder überhaupt erst die nach dem internationalen Standard erforderliche Qualität gewährleistet, so ist damit noch nicht als selbstverständliche Folge verbunden, daß sie auch dann eingeführt werden darf, wenn hierdurch Sonntagsarbeit unvermeidbar wird. Dies gilt erst recht, wenn technisch gesehen keine vollkontinuierliche Produktion erforderlich ist, sondern diese nur aus Gründen der Wirtschaftlichkeit naheliegt. Zunächst sind alle technischen Alternativen auszuschöpfen, mit denen die Sonntagsarbeit vermieden werden kann. Erst wenn solche Alternativen ausscheiden, kann überhaupt erwogen werden, das Verbot der Sonntagsarbeit einzuschränken.

Auch in diesem Fall ist die Entscheidung nicht für alle Zeit festgeschrieben. Das Unternehmen muß sich bemühen, die Technik so fortzuentwickeln, daß jedenfalls die Chance besteht, in der Zukunft wieder von der Sonntagsarbeit abzugehen[187].

Es kann jedoch nicht ausgeschlossen werden, daß in bestimmten Bereichen sich international Produktionsverfahren entwickeln, die ohne eine durchgängige Produktion nicht durchführbar sind. Wenn der Verzicht auf eine solche Technik, der durch das Festhalten am Verbot der Sonntagsarbeit erzwungen wird, dazu führt, daß die Chance, im internationalen Wettbewerb noch bestehen zu können, auf Null sinkt, dann stellt sich mit aller Schärfe die Frage, ob auf Sonntagsarbeit auch um den Preis des Ausscheidens aus dem Wettbewerb verzichtet werden muß. In bestimmten Bereichen der Stahlindustrie stellt sich seit langer Zeit diese Frage, und die in der Bundesrepublik Deutschland geltenden Regelungen gestatten die kontinuierliche Produktion, wenn auch mit der anders gearteten Begründung, daß bei Unterbrechung der Produktion die Stahlöfen Schäden ausgesetzt wären.

In einer so zugespitzten Lage wird der Gesetzgeber entscheiden müssen, ob er an dem Verbot der Sonntagsarbeit auch angesichts des »Preises« festhält, der hierfür gezahlt werden muß. Ist dieser Preis sehr hoch, weil im Ergebnis die deutsche produzierende Industrie in diesem Bereich nicht mehr wettbewerbsfähig ist und ihre Produktion einstellen muß, also die wirtschaftliche Existenz gefährdet ist, dann kann nicht verlangt werden, daß er gezahlt wird. Die hiermit verbundenen Schäden gingen weit über das einzelne Unternehmen hinaus. Neben dem drohenden Verlust von vielleicht zahlreichen

---

187 So etwa *Däubler* (N 12), S. 7; *Schatzschneider* (N 178), S. 681 (684); *Ulber* (N 178), S. 399 (402).

Arbeitsplätzen entstünde etwa auch Abhängigkeit von ausländischen Zulieferern.
Damit wird allerdings eine kritische Grenze erreicht. Wird es nicht nur einem einzelnen oder wenigen Unternehmen erlaubt, unter diesen Voraussetzungen zu einer kontinuierlichen Produktion überzugehen, so bedeutet das unvermeidlich – schon aus Gründen der notwendigen Gleichbehandlung – eine Branchenregelung, die für einen ganzen Bereich das Regel-/Ausnahmeverhältnis umkehrt und sich einer allgemeinen Aufhebung der Sonntagsruhe in einer Weise annähert, die das in Art. 139 WRV verankerte Leitbild qualitativ verändert. Daher muß der Gesetzgeber bei seiner abwägenden Entscheidung sich strikt an dem Gebot der Verhältnismäßigkeit orientieren. Hierbei wird ihm hinsichtlich seiner Prognose ein Spielraum eigener Einschätzung zuzubilligen sein. Die Anforderungen, die an die dem Gesetzgeber zustehende Einschätzungsprärogative zu stellen sind, werden nach den Maßstäben des Bundesverfassungsgerichts über das Erfordernis einer bloßen Evidenzkontrolle hinausgehen und daher verlangen, daß seine Prognose vertretbar ist. Das bedeutet, daß sich der Gesetzgeber »an einer sachgerechten und vertretbaren Beurteilung des erreichbaren Materials orientiert hat«, daß er »die ihm zugänglichen Erkenntnisquellen ausgeschöpft« hat, »um die voraussichtlichen Auswirkungen seiner Regelung so zuverlässig wie möglich abschätzen zu können und einen Verstoß gegen Verfassungsrecht zu vermeiden«. »Es handelt sich also eher um Anforderungen des Verfahrens«[188].
Wird diesen Anforderungen Genüge getan, so wird man einer entsprechenden Entscheidung des Gesetzgebers nicht entgegentreten können. Hierzu gehört aber auch die Einsicht des Gesetzgebers, daß er sich im Grenzbereich des noch Zulässigen bewegt. Das bedeutet, daß Entscheidungen dieser Art mit großer Sorgfalt vorzunehmen sind. Sie dürfen nicht auf bloß pauschalierenden Vermutungen beruhen, sondern müssen versuchen, den für und gegen eine Ausnahme sprechenden Gesichtspunkten Rechnung zu tragen. Dabei genügt es nicht, sich mit dem Umstand zu beruhigen, daß auch bei der Zulassung kontinuierlicher Produktion für eine ganze Branche andere Produktionsbereiche verbleiben, in denen schon aus technischen Gründen solche Produktionsmethoden gegenwärtig oder in absehbare Zukunft nicht in Betracht kommen. Das Gewicht der Argumente, die für die Zulassung von Ausnahmen sprechen, muß so erheblich sein, daß die Verweigerung der Ausnahmeregelung zu erheblichen und unverhältnismäßigen

---

188 BVerfGE 50, 290 (333 f.).

Nachteilen für das Allgemeinwohl führen würde, die gegenüber dem verfassungsrechtlich geschützten Wert der Sonntagsruhe deutlich überwiegen würden.

Damit wird wiederum erkennbar, daß dem Gesetzgeber, der die Entscheidungen zu treffen hat, kaum präzise Maßstäbe zur Verfügung gestellt werden können. Es bleiben nur Anhaltspunkte und Richtwerte, an denen er sich orientieren kann. Sie können keine fertige Lösung liefern, sondern unterstreichen das Gewicht der gesetzgeberischen Verantwortung und die Schwierigkeit der Aufgabe.

D. Zusammenfassung der Ergebnisse und Beantwortung der Rechtsfragen

Im folgenden werden die dieser Untersuchung zugrundeliegenden Rechtsfragen in komprimierter Form zusammengefaßt und sodann die gewonnenen Erkenntnisse thesenartig gegenübergestellt.

I. De lege lata:

1. Ist § 28 AZO (heute noch) verfassungsgemäß?
Entspricht diese Generalklausel (von 1938) den heutigen verfassungsrechtlichen Anforderungen, insbesondere dem Vorbehalt des Gesetzes? Ist er als Ermächtigungsgrundlage für die Verwaltung geeignet, das Verbot der Sonntagsarbeit (Art. 140 GG in Verbindung mit Art. 139 WRV) aufzuheben?
Verhältnis zu §§ 105 a ff. Gewerbeordnung?
Gegen die Fortgeltung des § 28 AZO bestehen jedenfalls insoweit verfassungsrechtliche Bedenken, als er sich über die Möglichkeit der Anwendung gegenüber Regelungen der AZO hinaus auf Ausnahmen von anderen Regelungen des Arbeitsschutzes bezieht, zu denen auch die §§ 105 a ff. GewO gehören. Die in Form einer Generalklausel der Exekutive erteilte Ermächtigung widerspricht rechtsstaatlichen Grundsätzen.

2. Für den Fall, daß die Frage zu 1. – gegebenenfalls in verfassungskonformer Auslegung – zu bejahen ist, stellt sich die weitere Frage, ob auf dieser Basis eine (befristete, bedingte) *Ausnahme* vom Sonntagsarbeitsverbot oder – unter welchen Voraussetzungen – eine unbefristete Aufhebung durch Verwaltungsentscheidung zulässig ist.
Auch wenn man im Wege verfassungskonformer Auslegung § 28 AZO für noch anwendbar halten sollte, ist es jedenfalls ausgeschlossen, im Bereich des Sonntagsschutzes auf dieser Rechtsgrundlage Ausnahmeregelungen vorzunehmen, die durch die §§ 105 a ff. GewO nicht gedeckt sind oder diesen sogar widersprechen. Die Regelung von Ausnahmen richtet sich ausschließlich nach diesen Bestimmungen.
Auch die Vorschriften der §§ 105 a ff. GewO, insbesondere § 105 c Abs. 1 Nr. 4 GewO sind verfassungskonform auszulegen. Daher dürfen sie nicht

auf Tatbestände ausgedehnt werden, bei denen die Sonntagsarbeit technisch vermeidbar ist, der damit verbundene Aufwand aber unter wirtschaftlichen Gesichtspunkten Nachteile mit sich bringt.

II. De lege ferenda:

1. Inwieweit und unter welchen Voraussetzungen ist eine Rücknahme des verfassungsrechtlichen Verbots der Sonntagsarbeit durch den (einfachen) Gesetzgeber möglich?
2. Inwieweit und unter welchen Voraussetzungen kann der (einfache) Gesetzgeber die Verwaltung zur Aufhebung des Verbots ermächtigen?
a) Müssen Gründe vorliegen, die die Allgemeinheit oder wesentliche Teile der Bevölkerung betreffen?
b) Können betriebsinterne Sachverhalte eine Einschränkung rechtfertigen?
ba) Muß eine Existenzgefährdung vorliegen?
bb) Genügt die Schaffung neuer oder die Vermeidung des Verlustes bestehender Arbeitsplätze?
bc) Genügen wirtschaftliche Interessen des Unternehmers (ggfs. ab welcher Größenordnung?)
bd) Welche Voraussetzungen müssen sonst vorliegen?
Diese Fragen werden zusammen beantwortet, weil sie sich in gewissem Umfang überschneiden:
1. Art. 140 GG, Art. 139 WRV gebieten, daß es für den Sonntag beim grundsätzlichen Verbot der Sonntagsruhe verbleibt. Das Verbot kann nicht ausnahmslos durchgesetzt werden. Das Gebot der Sonntagsruhe kann Ausnahmen gestatten oder sogar erfordern, wenn anders Rechtsgüter gefährdet würden, zu deren Schutz der Staat verfassungsrechtlich verpflichtet ist, wie Leben, Gesundheit und andere schutzbedürftige Rechtsgüter. Darüber hinaus kann der Gesetzgeber – wie bisher schon – gestatten, daß an Sonntagen Arbeitnehmer beschäftigt werden, um den Bedarf an Gütern und Dienstleistungen zu befriedigen, die gerade für die Nutzung des Sonntags als Tag der Arbeitsruhe benötigt werden.
Im Bereich der produzierenden Industrie kann der Gesetzgeber Ausnahmen vom Verbot der Sonntagsarbeit zulassen, wenn das Verbot unverhältnismäßig wäre. Die Gesichtspunkte des Gemeinwohls, aus denen sich überwiegende Gründe für die Zulassung von Ausnahmen ergeben, unterliegen der Einschätzung des Gesetzgebers, der nur entgegen getreten werden kann, wenn sie offensichtlich fehlsam ist.

Es entspricht dem Gebot der Verhältnismäßigkeit, daß die Ausnahmen, die der Gesetzgeber zuläßt, erforderlich und geeignet sind, um das gegenüber dem Sonntagsschutz höherwertige Ziel zu erreichen. Bevor Ausnahmen zugelassen werden, hat daher der Gesetzgeber nach anderen Wegen zu suchen, auf denen das gleiche Ziel erreicht werden könnte, ohne daß damit das verfassungsrechtlich geschützte Gut der Sonntagsruhe beeinträchtigt werden müßte. So kann etwa Gefährdungen von Unternehmen im internationalen Wettbewerb im allgemeinen auch auf andere, den Sonntagsschutz nicht berührende Weise begegnet werden.

Bei künftigen Regelungen ist der Gesetzgeber nicht an die bisher geltenden Vorschriften der Gewerbeordnung gebunden, die durch Art. 139 WRV nicht verfassungsrechtlich festgeschrieben worden sind. Doch ergibt die Formulierung des Art. 139 WRV, daß an dem gesetzlich geregelten System der Ausnahmen grundsätzlich festzuhalten ist, wobei es zulässig ist, die Ausnahmen dem heutigen veränderten Stand der Technik und den heutigen Bedingungen im internationalen Wettbewerb anzupassen.

2. Es entspricht der Bedeutung des Sonntagsschutzes, der verfassungsrechtlichen Rang hat, daß Ausnahmeregelungen vom Gesetzgeber getroffen werden müssen. Unter den Voraussetzungen des Art. 80 GG kann auch der Verordnungsgeber ermächtigt werden, doch müssen die wesentlichen Entscheidungen vom Gesetzgeber selbst vorgenommen werden. Bei Ermächtigungen an die Exekutive, in Einzelfällen Ausnahmen vom Arbeitsverbot zu erteilen, können Generalklauseln verwendet werden, doch müssen diese dem Gebot hinreichender Bestimmtheit entsprechen, dem § 28 AZO - auch soweit dessen Inhalt in künftiges Recht übernommen werden soll - nicht genügt.

3. Der Gesetzgeber ist befugt, die bisherigen Ausnahmen vom Arbeitsverbot, wie sie sich aus der GewO ergeben, zu bestätigen und dabei umstrittene Einzelfragen oder unpräzise Tatbestände zu klären. Bei verfassungskonformer Auslegung bestehen gegen die nach geltendem Recht (abgesehen von § 28 AZO) gegebenen Ausnahmeregelungen keine verfassungsrechtlichen Bedenken.

Geht der Gesetzgeber über diese Regelungen hinaus und sieht er weitere Ausnahmen vor, so dürfen hierdurch nicht die vorhersehbaren und unvermeidbaren Nachteile ausgeglichen werden, die mit dem Verbot der Sonntagsarbeit allgemein verbunden sind.

Dagegen können Schäden verhindert werden, die über diese Nachteile hinausgehen und von dem einzelnen Unternehmen ein Sonderopfer verlangen. Liegt ein solcher unverhältnismäßig großer Nachteil vor, so ist auch das zunächst individuelle wirtschaftliche Interesse des Unternehmers schutzwür-

dig. Da die einem Unternehmen drohende Gefährdung seiner Existenz notwendigerweise auch die Allgemeinheit berührt, weil Arbeitsplätze in Gefahr geraten und ein möglicherweise volkswirtschaftlich wichtiger Betrieb ausfällt, läßt sich das betroffene individuelle Interesse von dem ebenfalls berührten Allgemeinwohl, also dem öffentlichen Interesse, nicht scharf trennen.
Hieraus ergibt sich umgekehrt, daß jedenfalls erhebliche Nachteile drohen müssen, die mindestens in die Nähe einer Existenzgefährdung gelangen, während die allgemein mit der Sonntagsruhe verbundenen Nachteile nicht zur Begründung von Ausnahmen ausreichen. Ihnen stehen die Vorteile der Sonntagsruhe gegenüber. Sie dürfen nicht deswegen vernachlässigt werden, weil sie nicht exakt meßbar sind.
Für die Zulässigkeit weiterer Ausnahmen über die bestehenden Regelungen hinaus lassen sich nur Richtwerte angeben, aber keine festen Grenzen ziehen. Hierfür sind folgende Anhaltspunkte hervorzuheben:
- Sonntagsarbeit kann zugelassen werden, wenn sie - über die schon erwähnten, im geltenden Recht festgelegten Bereiche hinaus - aus anderen Gründen im Interesse überragender Erfordernisse der Allgemeinheit notwendig ist. Die bessere Rentabilität eines Unternehmens ist für sich allein kein ausreichender Grund. Besteht ohne die Ausnahme eine Existenzgefährdung, der auf andere Weise nicht begegnet werden kann, so sind Ausnahmen gerechtfertigt.
- Es ist zulässig, Ausnahmeregelungen einzuführen, um bestehende Arbeitsplätze zu erhalten oder neue zu schaffen. Damit ist ein wichtiges Gemeinwohlgut angesprochen. Die Zulässigkeit solcher Ausnahmeregelungen hängt aber von dem Nachweis ab, daß nur auf diese Weise sonst drohende Arbeitslosigkeit vermieden werden kann. Sie ist daher an die allgemeinen Verhältnisse auf dem Arbeitsmarkt und an die jeweiligen Besonderheiten der regionalen Lage sowie an die Frage gebunden, ob die betroffenen Arbeitnehmer nach der erforderlichen Qualifikation zur Verfügung stehen.
- Wirtschaftliche Interessen des Unternehmers und das Allgemeininteresse treffen zusammen, wenn von dem Verbot der Sonntagsarbeit nachteilige Auswirkungen auf die Wettbewerbsfähigkeit gegenüber ausländischen Konkurrenten ausgehen. Hier ist aber für die Zulassung von Ausnahmen ein besonders strikter Nachweis dafür zu verlangen, daß die Benachteiligung des deutschen Unternehmens gerade auf diese Ursache zurückzuführen ist, und daß die Ausnahme verhältnismäßig, d.h. geeignet und erforderlich ist, um die Wettbewerbsnachteile zu beheben. Im allgemeinen wird der Sonntagsschutz nur eine von zahlreichen Rahmenbedingungen darstellen,

die insgesamt die Wettbewerbschancen beeinflussen. Daher ist eine Reduzierung des Problems auf diesen Punkt unzulässig.

– In besonders gearteten Ausnahmesituationen, vor allem bei unvorhersehbaren und unvermeidlichen Produktionsschwierigkeiten, kann über die im geltenden Recht enthaltene Regelung von Notstandsarbeiten hinaus die Zulassung von Sonntagsarbeit erforderlich und geeignet sein, um vor allem im internationalen Wettbewerb die Stellung eines deutschen Unternehmens zu erhalten und damit das Allgemeininteresse an einer gesicherten Stellung der deutschen Wirtschaft am Weltmarkt zu wahren.

– Es kann erforderlich sein, neuartige Techniken, die eine kontinuierliche Betriebsweise zwingend erfordern, dann durch Ausnahmegenehmigungen von dem Verbot der Sonntagsarbeit zu ermöglichen, wenn hiervon unter Wahrung sehr strikter Maßstäbe die Stellung dieses Produktionsbereichs im internationalen Wettbewerb entscheidend abhängt. Das heißt, daß ohne Zulassung der neuen Technik die Gefahr einer Verdrängung von in der Bundesrepublik Deutschland gefertigten Produkten besteht. Eine solche Ausnahmeregelung, die sich notwendigerweise nicht auf ein Einzelunternehmen beschränken kann, sondern für bestimmte Branchen oder für mehrere Unternehmen derselben Art gelten müßte, liegt an der Grenze des noch verfassungsrechtlich Zulässigen. Ob für eine solche Regelung noch Gründe von genügendem Gewicht vorliegen, liegt in der Einschätzungsverantwortung des Gesetzgebers. Seine Entscheidung ist nach den vom Bundesverfassungsgericht aufgestellten Grundsätzen nicht lediglich im Wege einer Evidenzkontrolle zu überprüfen, sondern muß vertretbar im Sinne dieser Rechtsprechung sein. Das bedeutet, daß vor allem an das Verfahren des Gesetzgebers hohe Anforderungen zu stellen sind.

E. Anhang: Gesetzesmaterialien

Art. 140 GG
Die Bestimmungen der Artikel 136, 137, 138, 139 und 141 der deutschen Verfassung vom 11.August 1919 sind Bestandteil dieses Grundgesetzes.

Art.139 Weimarer Verfassung
Der Sonntag und die staatlich anerkannten Feiertage bleiben als Tage der Arbeitsruhe und der seelischen Erhebung gesetzlich geschützt.

§§ zur Gewerbeordnung:

§ 105 a. Arbeiten an Sonn- und Feiertagen. Zum Arbeiten an Sonn- und Fciertagen können die Gewerbetreibenden die Arbeitnehmer nicht verpflichten. Arbeiten, welche nach den Bestimmungen dieses Gesetzes auch an Sonn- und Feiertagen vorgenommen werden dürfen, fallen unter die vorstehende Bestimmung nicht.

§ 105 b. Ruhezeit an Sonn- und Feiertagen.
(1) Im Betriebe von Bergwerken, Salinen, Aufbereitungsanstalten, Brüchen und Gruben, von Hüttenwerken, Fabriken und Werkstätten, von Zimmerplätzen und anderen Bauhöfen, von Werften und Ziegeleien sowie bei Bauten aller Art dürfen Arbeitnehmer an Sonn- und Feiertagen nicht beschäftigt werden. Die den Arbeitnehmern zu gewährende Ruhe hat mindestens für jeden Sonn- und Feiertag vierundzwanzig, für zwei aufeinanderfolgende Sonn- und Feiertage sechsunddreißig, für das Weihnachts-, Oster- und Pfingstfest achtundvierzig Stunden zu dauern. Die Ruhezeit ist von zwölf Uhr nachts zu rechnen und muß bei zwei aufeinanderfolgenden Sonn- und Feiertagen bis sechs Uhr abends des zweiten Tages dauern. In Betrieben mit regelmäßiger Tag- und Nachtschicht kann die Ruhezeit frühestens um sechs Uhr abends des vorhergehenden Werktags, spätestens um sechs Uhr morgens des Sonn- und Feiertages beginnen, wenn für die auf den Beginn der Ruhezeit folgenden vierundzwanzig Stunden der Betrieb ruht.
(2) Im Handelsgewerbe dürfen Gehilfen, Lehrlinge und Arbeiter an Sonn- und Feiertagen nicht beschäftigt werden. Die zuständige Behörde

kann für bis zu zehn Sonn- und Feiertage im Jahr, an denen besondere Verhältnisse einen erweiterten Geschäftsverkehr erforderlich machen, für alle oder für einzelne Geschäftszweige oder für einzelne Betriebe dieser Geschäftszweige eine Beschäftigung bis zu acht Stunden, jedoch nicht über sechs Uhr abends hinaus, zulassen und die Beschäftigungsstunden unter Berücksichtigung der für den öffentlichen Gottesdienst bestimmten Zeit festsetzen.

(3) Für das Speditions- und das Schiffsmaklergewerbe sowie für andere Gewerbebetriebe, soweit es sich um Abfertigung und Expedition von Gütern handelt, kann die zuständige Behörde eine Beschäftigung bis zu zwei Stunden zulassen.

(4) Die Bestimmungen des Absatzes 2 finden auf die Beschäftigung von Gehilfen, Lehrlingen und Arbeitern im Geschäftsbetriebe von Konsum- und anderen Vereinen entsprechende Anwendung.

(5) Die Vorschriften der Absätze 2 und 3 finden auf alle Angestellten im Sinne der Arbeitszeitordnung Anwendung. Die Ausnahme- und Sonderbestimmungen über die Sonntagsruhe der Angestellten im Handelsgewerbe gelten auch für die sonstigen Angestellten im Sinne der Arbeitszeitordnung. Die hiernach für Sonn- und Feiertage zugelassenen Arbeitsstunden sind auf die nach der Arbeitszeitordnung zulässige Höchstarbeitszeit nicht anzurechnen.

§ 105 c. Ausnahmen von § 105 b.
(1) Die Bestimmungen des § 105 b finden keine Anwendung:
1. auf Arbeiten, welche in Notfällen oder im öffentlichen Interesse unverzüglich vorgenommen werden müssen;
2. für einen Sonntag auf Arbeiten zur Durchführung einer gesetzlich vorgeschriebenen Inventur;
3. auf die Bewachung der Betriebsanlagen, auf Arbeiten zur Reinigung und Instandhaltung, durch welche der regelmäßige Fortgang des eigenen oder eines fremden Betriebs bedingt ist, sowie auf Arbeiten, von welchen die Wiederaufnahme des vollen werktägigen Betriebs abhängig ist, sofern nicht diese Arbeiten an Werktagen vorgenommen werden können;
4. auf Arbeiten, welche zur Verhütung des Verderbens von Rohstoffen oder des Mißlingens von Arbeitserzeugnissen erforderlich sind, sofern nicht diese Arbeiten an Werktagen vorgenommen werden können;
5. auf die Beaufsichtigung des Betriebs, soweit er nach Nummer 1 bis 4 an Sonn- und Feiertagen stattfindet.

(2) Gewerbetreibende, welche Arbeitnehmer an Sonn- und Feiertagen mit Arbeiten der unter Nummer 1 bis 5 erwähnten Art beschäftigen,

sind verpflichtet, ein Verzeichnis anzulegen, in welches für jeden einzelnen Sonn- und Feiertag die Zahl der beschäftigten Arbeitnehmer, die Dauer ihrer Beschäftigung sowie die Art der vorgenommenen Arbeiten einzutragen sind. Das Verzeichnis ist auf Verlangen der nach § 139 b zuständigen Behörde jederzeit zur Einsicht vorzulegen.
(3) Bei den unter Nummer 3 und 4 bezeichneten Arbeiten, sofern dieselben länger als drei Stunden dauern oder die Arbeitnehmer am Besuche des Gottesdienstes hindern, sind die Gewerbetreibenden verpflichtet, jeden Arbeitnehmer entweder an jedem dritten Sonntage volle sechsunddreißig Stunden oder an jedem zweiten Sonntage mindestens in der Zeit von sechs Uhr morgens bis sechs Uhr abends von der Arbeit frei zu lassen.
(4) Ausnahmen von den Vorschriften des vorstehenden Absatzes darf die zuständige Behörde gestatten, wenn die Arbeitnehmer am Besuche des sonntäglichen Gottesdienstes nicht gehindert werden und ihnen an Stelle des Sonntags eine vierundzwanzigstündige Ruhezeit an einem Wochentage gewährt wird.

§ 105 d. Weitere Ausnahmen von § 105 b
(1) Für bestimmte Gewerbe, insbesondere für Betriebe, in denen Arbeiten vorkommen, welche ihrer Natur nach eine Unterbrechung oder einen Aufschub nicht gestatten, sowie für Betriebe, welche ihrer Natur nach auf bestimmte Jahreszeiten beschränkt sind oder welche in gewissen Zeiten des Jahres zu einer außergewöhnlich verstärkten Tätigkeit genötigt sind, können durch Rechtsverordnung des Bundesministers für Arbeit und Sozialordnung mit Zustimmung des Bundesrates Ausnahmen von den Vorschriften des § 105 b zugelassen werden.
(2) Die Regelung der an Sonn- und Feiertagen in diesen Betrieben gestatteten Arbeiten und der Bedingungen, unter welchen sie gestattet sind, erfolgt für alle Betriebe derselben Art gleichmäßig und unter Berücksichtigung der Bestimmung des § 105 c Abs. 3.
(3) Rechtsverordnungen nach Absatz 1 sind dem Bundestag zur Kenntnisnahme vorzulegen und im Bundesgesetzblatt zu veröffentlichen.

§ 105 e. Weitere Ausnahmen von § 105 b
(1) Für Gewerbe, deren vollständige oder teilweise Ausübung an Sonn- und Feiertagen zur Befriedigung täglicher oder an diesen Tagen besonders hervortretender Bedürfnisse der Bevölkerung erforderlich ist, sowie für Betriebe, welche ausschließlich oder vorwiegend mit durch

Wind oder unregelmäßige Wasserkraft bewegten Triebwerken arbeiten, können durch Verfügung der zuständigen Behörde Ausnahmen von den in § 105 b getroffenen Bestimmungen zugelassen werden. Die Regelung dieser Ausnahmen unter Berücksichtigung der Bestimmungen des § 105 c Abs. 3 zu erfolgen.
(2) Der Bundesminister für Arbeit und Sozialordnung trifft durch Rechtsverordnung mit Zustimmung des Bundesrates nähere Bestimmungen über die Voraussetzungen und Bedingungen der Zulassung von Ausnahmen; dieselben sind dem Bundestag zur Kenntnisnahme mitzuteilen.
(3) Das Verfahren auf Anträge wegen Zulassung von Ausnahmen für Betriebe, welche ausschließlich oder vorwiegend mit durch Wind oder unregelmäßige Wasserkraft bewegten Triebwerken arbeiten, unterliegt den Vorschriften der Verwaltungsgerichtsordnung.

§ 105 f. Ausnahme für bestimmte Zeit
(1) Wenn zur Verhütung eines unverhältnismäßigen Schadens ein nicht vorherzusehendes Bedürfnis der Beschäftigung von Arbeitnehmern an Sonn- und Feiertagen eintritt, so können durch die zuständige Behörde Ausnahmen von den Vorschriften des § 105 b für bestimmte Zeit zugelassen werden.
(2) Die Verfügung ist schriftlich zu erlassen und muß von dem Unternehmer auf Verlangen dem für die Revision zuständigen Beamten an der Betriebsstelle zur Einsicht vorgelegt werden. Eine Abschrift der Verfügung ist innerhalb der Betriebsstätte an einer den Arbeitnehmern leicht zugänglichen Stelle auszuhängen.
(3) Die zuständige Behörde hat über die von ihr gestatteten Ausnahmen ein Verzeichnis zu führen, in welchem die Betriebsstätte, die gestatteten Arbeiten, die Zahl der in dem Betriebe beschäftigten und der an den betreffenden Sonn- und Feiertagen tätig gewesenen Arbeitnehmer, die Dauer ihrer Beschäftigung sowie die Dauer und die Gründe der Erlaubnis einzutragen sind.

§ 105 g. Ausdehnung auf andere Gewerbe
Das Verbot der Beschäftigung von Arbeitnehmern an Sonn und Feiertagen kann durch Rechtsverordnung des Bundesministers für Arbeit und Sozialordnung mit Zustimmung des Bundesrates auf andere Gewerbe ausgedehnt werden. Diese Rechtsverordnungen sind dem Bundestag zur Kenntnisnahme vorzulegen. Auf die von dem Verbote zuzulassenden

Ausnahmen finden die Bestimmungen der §§ 105 c bis 105 f entsprechende Anwendung.

Arbeitszeitordnung (AZO)

§ 28. Ausnahmen im öffentlichen Interesse. Der Reichsarbeitsminister kann über die in der Arbeitszeitordnung oder in anderen Arbeitsschutzvorschriften vorgesehenen Ausnahmen hinaus widerruflich weitergehende Ausnahmen zulassen, wenn sie im öffentlichen Interesse dringend nötig werden.

Literaturverzeichnis

Albracht, Gerd: Sonntagsarbeit – Auswirkungen und rechtliche Probleme, ArbuR 1989, Heft 4-5, S. 97 ff.
Anschütz, Gerhard: Die Verfassung des Deutschen Reiches, 3./4.Aufl., Berlin 1926.
Boisserée, Klaus: Industrielle Sonntagsarbeit aufgrund des § 28 AZO, DB 1961, S. 471 ff.
Däubler, Wolfgang: Sonntagsarbeit aus technischen und wirtschaftlichen Gründen, DB, Beilage 7/1988 zu Heft 13, S. 1 ff.
Denecke, Johannes/Neumann, Dirk: Kommentar zur AZO, 10. Aufl., München 1987.
Dirksen, Gebhard: Das Feiertagsrecht, Göttingen 1961.
Farthmann, Friedhelm: Regelung der Sonn- und Feiertagsarbeit nach der Gewerbeordnung (1965), in: AR-Blattei, D-Blatt, Arbeitszeit VIII B.
Fischer, Hans: Industrielle Sonntagsarbeit, München 1957.
Häberle, Peter: Öffentliches Interesse als juristisches Problem, Bad Homburg 1971.
derselbe: Der Sonntag als Verfassungsprinzip, Berlin 1989.
Herschel, Wilhelm: Anmerkung zum Urteil des BayObLG vom 10.1.1963, BB 1963, S. 815 ff.
Hesse, Konrad: Die Bedeutung des Grundgesetzes, im besonderen des Art. 140 GG in Verbindung mit Art.139 WRV, für die Neuregelung des Verbots der Arbeit an Sonn- und Feiertagen durch ein Gesetz des Bundes, 1963.
derselbe: Grundzüge des Verfassungsrechts der Bundesrepublik Deutschland, 16.Aufl., Heidelberg 1988.
Kappus, Matthias: Wirtschaftliche und technische Notwendigkeit als Ausnahme vom gewerberechtlichen Verbot der Sonntagsarbeit, BB 1987, S. 120 ff.
v.Landmann, Robert/Rohmer Gustav: Kommentar zur Gewerbeordnung, 14. Auflage., München, Stand 1.2.1988.
Leinemann, Wolfgang: Rechtsprobleme der Wochenendarbeit, NZA 1988, S. 337 ff.
Loritz, Karl-Georg: Möglichkeiten und Grenzen der Sonntagsarbeit, Stuttgart 1989.
Löw, Konrad: Die Grundrechte, 2.Aufl., München 1982.
Mattner, Andreas: Sonn- und Feiertagsrecht, Köln 1987.
Maunz, Theodor/Dürig, Günter/Herzog, Roman: Kommentar zum GG, München 1989 (zit.: Bearbeiter in Maunz/Dürig/Herzog).
Maunz, Theodor/Schmidt-Bleibtreu, Bruno: Kommentar zum Bundesverfassungsgerichtsgesetz, 1987.
Mayen, Thomas: Sonntägliche Arbeitsverbote und freizeitorientierte gewerbliche Betätigung, DÖV 1988, S. 409 ff.
v.Münch, Ingo: Grundgesetz-Kommentar, Bde 2 und 3, 2.Aufl., München 1983 (zit.: Bearbeiter in v.Münch).
Murmann, Klaus: Die Arbeitszeit flexibler gestalten – gegen starre Schemata, ArbGeb. Nr. 1/1987, S. 4 ff.
Pahlke, Armin: Feiertagsrechtliche Grenzen erwerbsorientierter Betätigung, in Wirtschaft und Verwaltung, Vierteljahresbeilage zum GewArch. 1988, Beilage 2/88, S. 69 ff.
Pirson, Dietrich in: Evang. Staatslexikon, Sp.3150, 3. Aufl. Stuttgart 1987.
Richardi, Reinhard: Grenzen industrieller Sonntagsarbeit, Bonn 1988.
Rupp, Hans Heinrich: Das Grundrecht der Berufsfreiheit in der Rechtsprechung des Bundesverfassungsgerichts, AöR Bd. 92 (1967), S. 212 ff.
Schatzschneider, Wolfgang: Maschinenlaufzeiten und Feiertagsschutz, NJW 1989, S. 681 ff.
Schmitt, Carl: Verfassungslehre, 5.Aufl., Berlin 1928/1970.
Schoenaich-Carolath, A. F.: Arbeitszeitverkürzung, Arbeitszeitflexibilisierung, Sonntagsarbeit im 19-Ländervergleich, RdA 1988, S. 290 ff.

Stahlhacke, Eugen: Kommentar zur Gewerbeordnung, Berlin 1981.
Stern, Klaus: Das Staatsrecht der Bundesrepublik Deutschland, Band III/1, München 1988.
Tettinger, Peter J.: Das Grundrecht der Berufsfreiheit in der Rechtsprechung des Bundesverfassungsgerichts, AöR Bd. 108 (1983), S. 92 ff.
Ulber, Jürgen: Entwicklung der Nacht-, Schicht- und Wochenendarbeit, 1986.
derselbe: Sonntagsarbeit und Betriebsnutzungszeit, CR 1988, S. 399 ff.
Umbach, Dieter C.: Das Wesentliche an der Wesentlichkeitstheorie, in: Festschrift für Hans-Joachim Faller, München 1984, S. 111 ff.
Wohlrabe, Hans Martin: Das Recht der Sonn- und Feiertagsbeschäftigung, GewArch. 1988, S. 54 ff.
Zmarzlik, Johannes: Zur Zulässigkeit industrieller Sonntagsarbeit, RdA 1988, S. 257 ff.

HAS – Handbuch des Arbeits- und Sozialrechts

herausgegeben von
Manfred Weiss und Alexander Gagel

Das Problem

Arbeits- und Sozialrecht wurden bislang als mehr oder weniger unverbunden nebeneinanderstehende Rechtsgebiete angesehen. Zahlreiche Probleme der täglichen Praxis können aber nur unter Beachtung von Arbeits- **und** Sozialrecht gelöst werden.

Die Lösung

Um Praxis und Wissenschaft die für die Lösung ihrer Rechtsprobleme notwendige Gesamtsicht zu vermitteln, war nichts dringlicher als eine beide Gebiete aufeinander beziehende, »**integrierende**« Darstellung des Arbeits- **und** Sozialrechts.

Die Vorteile

- **Inhalt**   Das Werk enthält das **gesamte** in der Praxis relevante Arbeits- und Sozialrecht in **systematischer Darstellung**. Das Handbuch wird durch Ergänzungslieferungen aufgebaut und voraussichtlich im Jahre 1993 abgeschlossen.
  Mitgeliefert werden außerdem die für die tägliche Arbeit notwendigen Gesetzestexte in einem separaten handlichen Band.
- **Praxisnähe**   Die Autorengruppe setzt sich aus erfahrenen Richtern, Rechtsanwälten und Wissenschaftlern zusammen. Trotz wissenschaftlicher Fundierung wird auf größte Praxisnähe und Verständlichkeit auch für den juristischen Laien geachtet.
- **Aktualität**   Gesetzesänderungen werden durch Ergänzungslieferungen sofort in die Textsammlung eingearbeitet, die systematische Darstellung umgehend aktualisiert.
- **Der Preis**   Das Grundwerk in 2 Ordnern (ca. 1100 Seiten) auf dem neuesten Stand kostet DM 138,–. Ergänzungslieferungen erscheinen nach Bedarf, Preis je Druckbogen (à 16 Seiten) 2,88 DM. Mindestbezugsdauer 2 Jahre.

NOMOS VERLAGSGESELLSCHAFT
Postfach 610 • 7570 Baden-Baden

Ulrich Hambüchen
Das Arbeitserlaubnisrecht

Der Zugang zum deutschen Arbeitsmarkt ist für Ausländer von besonderer Bedeutung, weil hiervon nicht nur die Sicherung ihrer wirtschaftlichen Existenz, sondern oft auch der ausländerrechtliche Status und damit das Recht auf weiteren Verbleib im Inland abhängen. Das Arbeitserlaubnisrecht steht daher als sozialpolitisches Steuerungsinstrument gleich doppelt im Brennpunkt: es dient arbeitsmarkt- und beschäftigungspolitischen Zielen ebenso wie einwanderungspolitischen Zwecken. Die vorliegende Darstellung und Kommentierung befaßt sich mit allen daraus resultierenden Aspekten und ist zuvorderst auf den Praktiker zugeschnitten. Besonderes Augenmerk ist auf die Verwaltungspraxis der Arbeitsämter und auf die Rechtsprechung der Sozialgerichte gelegt worden. In der Praxis umstrittene oder noch nicht endgültig geklärte Komplexe sind vertieft behandelt worden; einen besonderen Stellenwert haben zudem die Regelungen des Internationalen Arbeitserlaubnisrechts erfahren.

1990, 175 S., kart., 44,– DM, ISBN 3-7890-2005-2

NOMOS VERLAGSGESELLSCHAFT
Postfach 610 • 7570 Baden-Baden